FLAUTA fácil 2

MÉTODO PRÁTICO *NÍVEL INTERMEDIÁRIO*

Celso Woltzenlogel

Inclui CD de apoio com acompanhamento para os exercícios e 21 composições brasileiras e estrangeiras

Nº Cat.: 434-M

Irmãos Vitale S.A. Indústria e Comércio
www.vitale.com.br
Rua França Pinto, 42   Vila Mariana   São Paulo   SP
CEP: 04016-000 Tel.: 11 5081-9499 Fax: 11 5574-7388

© Copyright 2017 by Irmãos Vitale S.A. Ind. e Com. - São Paulo - Brasil
Todos os direitos autorais reservados para todos os países. *All rights reserved.*

CRÉDITOS

Editoração Eletrônica
Celso Woltzenlogel

Diagramação
Eduardo Wahrhaftig / Rafael Paiva

Revisão de Texto
Karina Woltzenlogel

Coordenação Editorial
Roberto Votta

Produção Executiva
Fernando Vitale

CRÉDITOS DO CD
Gravado por Rodrigo de Castro Lopes no Home Estúdio de Hudson Nogueira – SP
Flauta: Celso Woltzenlogel
Arranjos: Hudson Nogueira
Gravação e Masterização: Rodrigo de Castro Lopes
Data da gravação: 29 de janeiro de 2016

CIP-BRASIL. CATALOGAÇÃO NA FONTE
SINDICATO NACIONAL DOS EDITORES DE LIVROS - RJ.

W849f

    Woltzenlogel, Celso, 1940-
        Flauta fácil 2 : método prático nível intermediário / Celso Woltzenlogel. - 1. ed. - Rio de Janeiro : Irmãos Vitale, 2016.
        96 p. : il. ; 30 cm.

    Inclui índice
    Acompanhado de CD
    nota biográfica, discografia
    ISBN 978-85-7407-459-7

    1. Flauta - Instrução e estudo. 2. Flauta - Métodos. I. Título.

16-36545   CDD: 788.35
                                    CDU: 780.641

27/09/2016   30/09/2016

SUMÁRIO

Introdução — 6

Primeira Parte
Esquema do dedilhado da flauta — 8
Dedilhado da flauta com o pé em Dó — 9
Dedilhado completo até o Dó super agudo — 10

Segunda Parte
Terceira oitava – exercícios preparatórios — 12

Terceira Parte
Síncopa – exercícios preparatórios — 20

Quarta Parte
Melodias com o CD — 22

Quinta Parte
Duos, Trio e Quartetos — 62

Sexta Parte
Biografia resumida dos autores das melodias — 89

Hudson Nogueira - O Arranjador

Bacharel em clarineta pela Faculdade Mozarteum de São Paulo. Estudou composição com Edmundo Vilani Côrtes com quem fez o curso completo de contraponto.
O refinado bom gosto de suas composições e arranjos foi certamente aprimorado sob a direção desse grande mestre.
Atualmente, mais de quarenta obras de seu catálogo, escritas para diversas formações musicais, estão publicadas na Europa e nos Estados Unidos, sem contar com os arranjos especialmente escritos para os mais importantes nomes da música brasileira, divulgados em mais de 20 CDs gravados no Brasil e no exterior.

ÍNDICE DO CD

Faixa 01 – Si natural (nota de referência para afinação)
Faixa 02 – Síncopa (exercícios preparatórios)
Faixa 03 – O Cisne
Faixa 04 – O Cisne (playback)
Faixa 05 – Minueto
Faixa 06 – Minueto (playback)
Faixa 07 – Lamentos (*)
Faixa 08 – Canção da Índia
Faixa 09 – Canção da Índia (playback)
Faixa 10 – Lua Branca (*)
Faixa 11 – Ave Maria (Erothides de Campos)
Faixa 12 – Ave Maria (playback)
Faixa 13 – Flor Amorosa (*)
Faixa 14 – Ave Maria (Gounod)
Faixa 15 – Ave Maria (playback)
Faixa 16 – Porto
Faixa 17 – Porto (playback)
Faixa 18 – Modinha
Faixa 19 – Modinha (playback)
Faixa 20 – Sururú na Cidade (*)
Faixa 21 – Melodia Sentimental
Faixa 22 – Melodia Sentimental (playback)
Faixa 23 – Gaúcho
Faixa 24 – Gaúcho (playback)
Faixa 25 – Brejeiro
Faixa 26 – Brejeiro (playback)
Faixa 27 – Barcarolle (**)
Faixa 28 – Gavotte
Faixa 29 – Gavotte (playback)
Faixa 30 – Sterina
Faixa 31 – Sterina (playback)
Faixa 32 – Intermezzo (**)
Faixa 33 – Carinhoso
Faixa 34 – Carinhoso (playback)
Faixa 35 – Ária (**)
Faixa 36 – Vou Vivendo
Faixa 37 – Vou Vivendo (playback)

Obs.: As músicas assinaladas com um asterisco foram concebidas a duas vozes. Nesse caso, apenas a primeira voz foi gravada, não havendo o *playback*. Nas músicas assinaladas com dois asteriscos, haverá apenas a versão solista. Entretanto, todas elas estarão disponíveis integralmente no YouTube, podendo ser baixadas gratuitamente.

COLEÇÃO *FÁCIL*

O método Flauta *Fácil* nasceu em 2008, quando a Editora Vitale pediu-me que escrevesse um método prático para principiantes do estudo do instrumento e que incluísse um CD *play along*, com áudios dos estudos do método.

No princípio, relutei muito, pois, em 1984, já havia publicado o Método Ilustrado de Flauta, com excelente repercussão internacional.

Depois de muita insistência dos meus editores, comecei a colocar no papel algumas ideias novas, resultado de décadas de ensino na universidade e em cursos de férias ministrados por esse Brasil afora.

O método foi concebido para quem quisesse iniciar no estudo da flauta transversal através de estudos fáceis, ilustrados com melodias brasileiras e estrangeiras conhecidas internacionalmente.

O êxito obtido pelo Flauta *Fácil*, reeditado várias vezes, abriu portas para a extensão da coleção para outros métodos, tais como o Sax *Fácil*, Trombone *Fácil* e Piano e Teclado *Fácil*, todos publicados sob minha coordenação. Os próximos lançamentos serão: Clarineta *Fácil*, Violino *Fácil* e Flauta Doce *Fácil*.

Acreditamos que, num futuro bem próximo, a exemplo do Flauta *Fácil* - Volume 2, nível intermediário, publicaremos também esse estágio em todos os outros métodos.

INTRODUÇÃO

O Método Flauta *Fácil*, nível intermediário, foi concebido para dar continuidade ao Flauta *Fácil*, método prático para principiantes publicado em 2008, onde estão todos os exercícios e técnicas fundamentais para o início do aprendizado.

Neste novo método, a grande novidade é a introdução da terceira oitava até o Si bemol. Além disso, escolhemos um repertório de melodias de nível mais avançado, empregando uma grande variedade de dinâmicas, articulações e, principalmente, ritmos sincopados tão característicos da música brasileira.

A maior parte das melodias é de andamentos moderados, escolhidos propositalmente para desenvolver o ritmo e a sonoridade e são precedidas de exercícios técnicos nas tonalidades de cada música.

A exemplo da primeira edição do Flauta *Fácil*, este método vem acompanhado de um CD com arranjos especialmente elaborados por Hudson Nogueira, que explorou magistralmente as cordas e a sessão rítmica, roupagem bem diferente da que estamos acostumados a ouvir em obras desse gênero.

Aconselhamos a todos adquirirem o hábito de ouvir os grandes clássicos da música universal e da música popular brasileira para se familiarizarem com os estilos.

Para evitar as viradas de páginas dos duos, do trio e dos quartetos, as partes individuais estarão disponíveis no site www.celsowoltzenlogel.net e poderão ser baixadas gratuitamente.

Embora utilizemos apenas a terceira oitava até o Si bemol 5, apresentamos o dedilhado completo até o Dó 6 (super agudo), pois acreditamos que, ao terminar este método, o aluno já estará em condições de se aventurar até as notas extremas e prosseguir os estudos com o Método Ilustrado de Flauta deste mesmo autor.

Sobre os áudios gravados no CD
Na faixa nº 1 do CD, ouviremos o Si natural da segunda oitava que servirá de diapasão para afinar a flauta.

A maioria das músicas tem uma pequena introdução para estabelecer o ritmo. Apenas, em algumas delas, ouviremos uma contagem na forma de cliques com a mesma finalidade.

Inicialmente, o aluno deverá ouvir o exemplo dado pelo professor e, em seguida, tocar com o acompanhamento gravado. Porém, antes de fazê-lo, deverá praticar várias vezes até que se sinta em condições de tocar sem interrupções. A prática com o auxílio de um metrônomo poderá ser muito útil. Por exemplo, começar com a semínima igual a 60 e ir aumentando gradativamente até chegar à indicação sugerida. Hoje em dia, metrônomos podem ser baixados gratuitamente pela Internet.

Para que fosse possível incluir um maior número de músicas, optamos por eliminar algumas repetições e, em alguns casos, modificamos propositalmente os tons originais para facilitar certas passagens e também para ampliar o número de tonalidades. Além disso, em algumas músicas, ouviremos apenas a versão com o solo. Nesse caso, os áudios estarão disponíveis no YouTube, sob o título Flauta *Fácil* 2, podendo ser baixados gratuitamente.

Os choros foram escolhidos para que os alunos possam praticar e entender os ritmos sincopados e, por essa razão, foram gravados em andamentos mais moderados, facilitando a execução. Deixo bem claro que este não é um método de choro. Existem várias obras no mercado exclusivamente voltadas para esse gênero. Ainda sobre os choros, os solos de flauta foram gravados respeitando rigorosamente a partitura, sem improvisos, hábito comum na interpretação de nossos chorões. Nada impede que, ao tocar com o *playback*, o aluno interprete a seu modo, inclusive tocando uma oitava acima.

Geralmente, os choros são editados sem nenhuma articulação. Neste método, as articulações e respirações sugeridas poderão ser modificadas a gosto de cada um e as improvisações serão sempre bem-vindas.

Este método é dedicado à minha esposa Alicia, às minhas filhas Karina e Constanza, aos meus netos Filipe, Guilherme e Thomas, aos meus genros Flávio e Klayton e a todos os meus colegas e alunos que me incentivaram a escrevê-lo.

Primeira parte
ESQUEMA DO DEDILHADO DA FLAUTA

Para facilitar a compreensão do dedilhado da flauta, optamos por um esquema com desenhos e números.

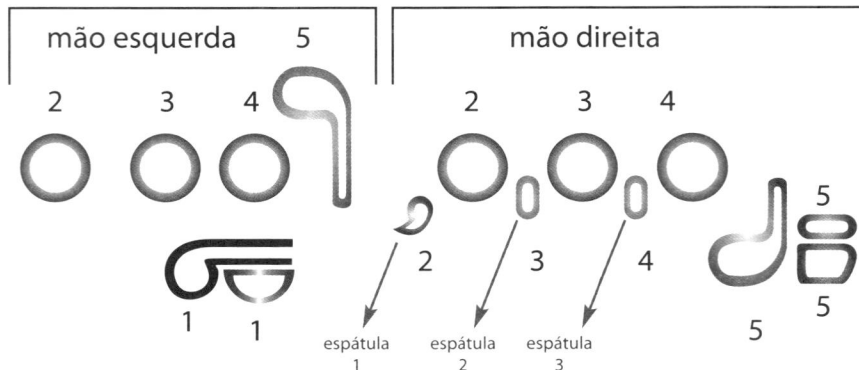

O polegar da mão esquerda (dedo 1) pode acionar tanto a chave do Si natural como a chave do Si bemol.

Na mão direita, a espátula 1 e a chave de Fá natural são acionadas pelo dedo 2 (indicador); a espátula 2 e a chave de Mi, pelo dedo 3 (médio); a espátula 3 e a chave de Ré, pelo dedo 4 (anular); as chaves de Ré sustenido ou Mi bemol, Dó natural e Dó sustenido, pelo dedo 5 (mindinho).

Quando as chaves estiverem assinaladas na cor preta nos diagramas, significa que estas deverão ser acionadas, pelos dedos indicados, para serem fechadas.

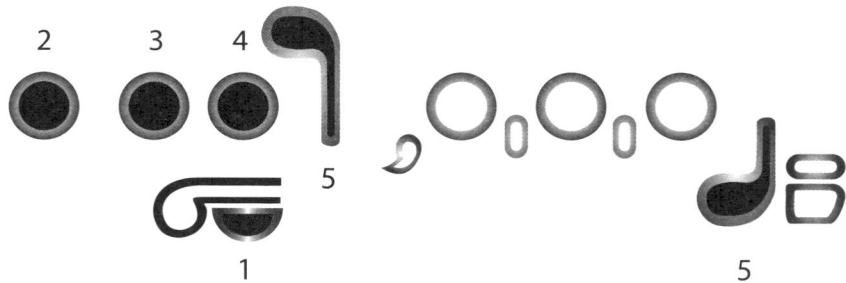

As únicas chaves que estão sempre fechadas são as do Sol sustenido ou Lá bemol, o Ré sustenido ou Mi bemol e as espátulas 2 e 3. Entretanto, quando estas chaves estiverem, também, assinaladas em preto, deverão ser acionadas para serem abertas.

A espátula 1 é a menos utilizada, servindo como alternativa para o Si bemol, para os trinados de Si bemol / Si natural, ambos na primeira e segunda oitavas, e para o trinado de Fá natural / Fá sustenido (harmônicos), da terceira oitava.

As espátulas 2 e 3, além de contribuírem para a emissão do Si bemol e do Si natural da terceira oitava, servem para diversos trinados.

DEDILHADO DA FLAUTA COM O PÉ EM DÓ

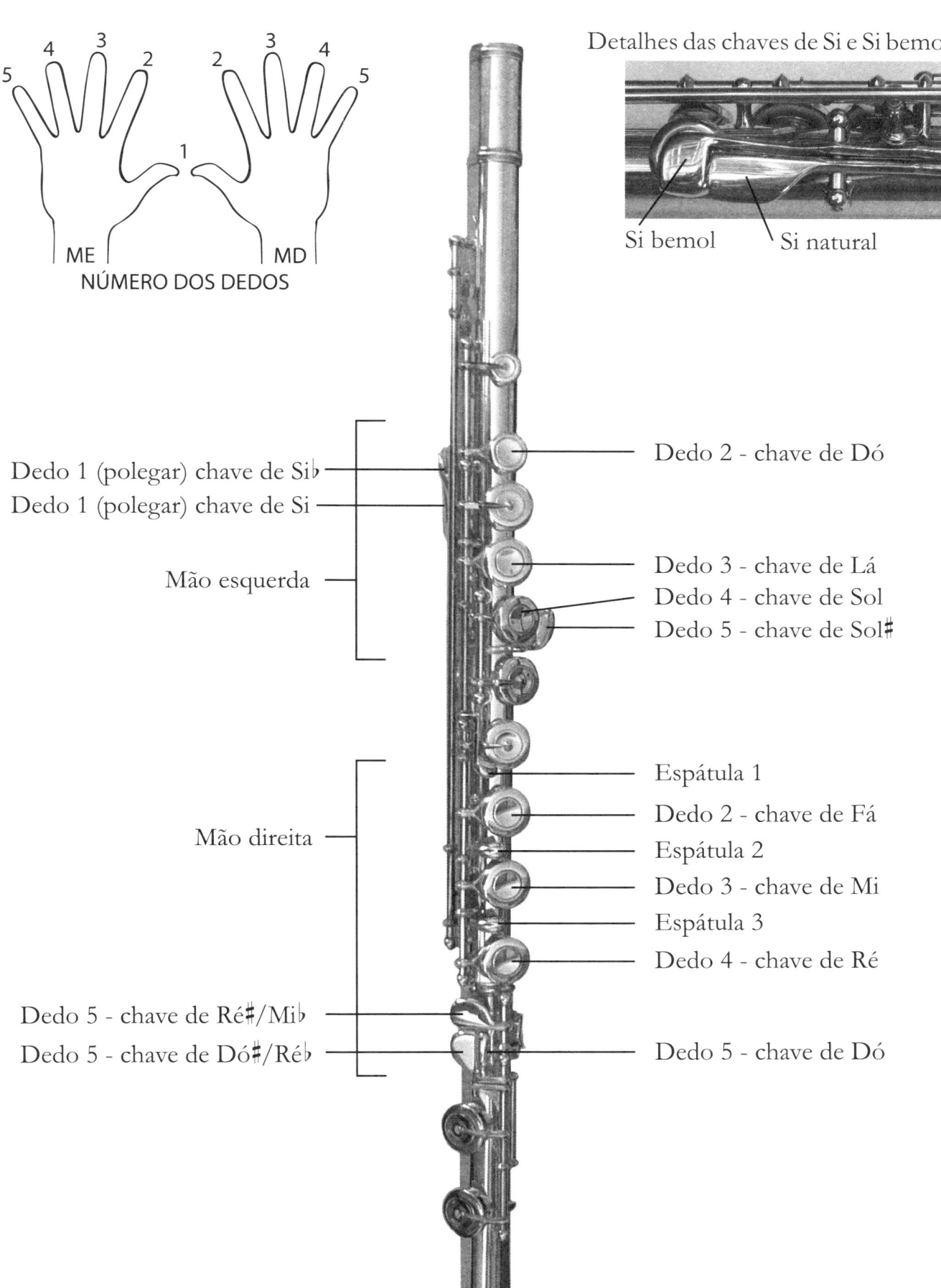

DEDILHADO COMPLETO ATÉ O DÓ SUPER AGUDO

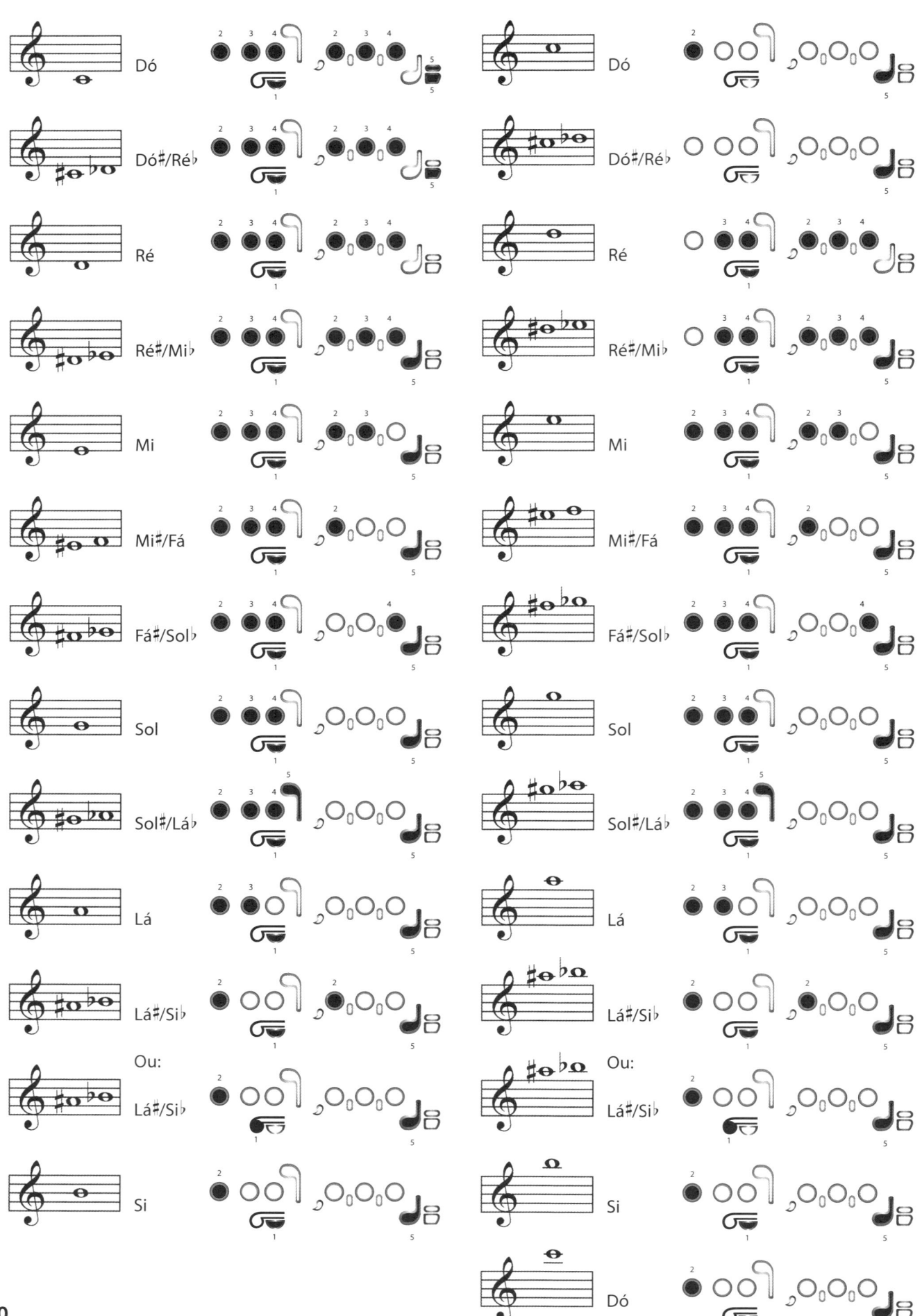

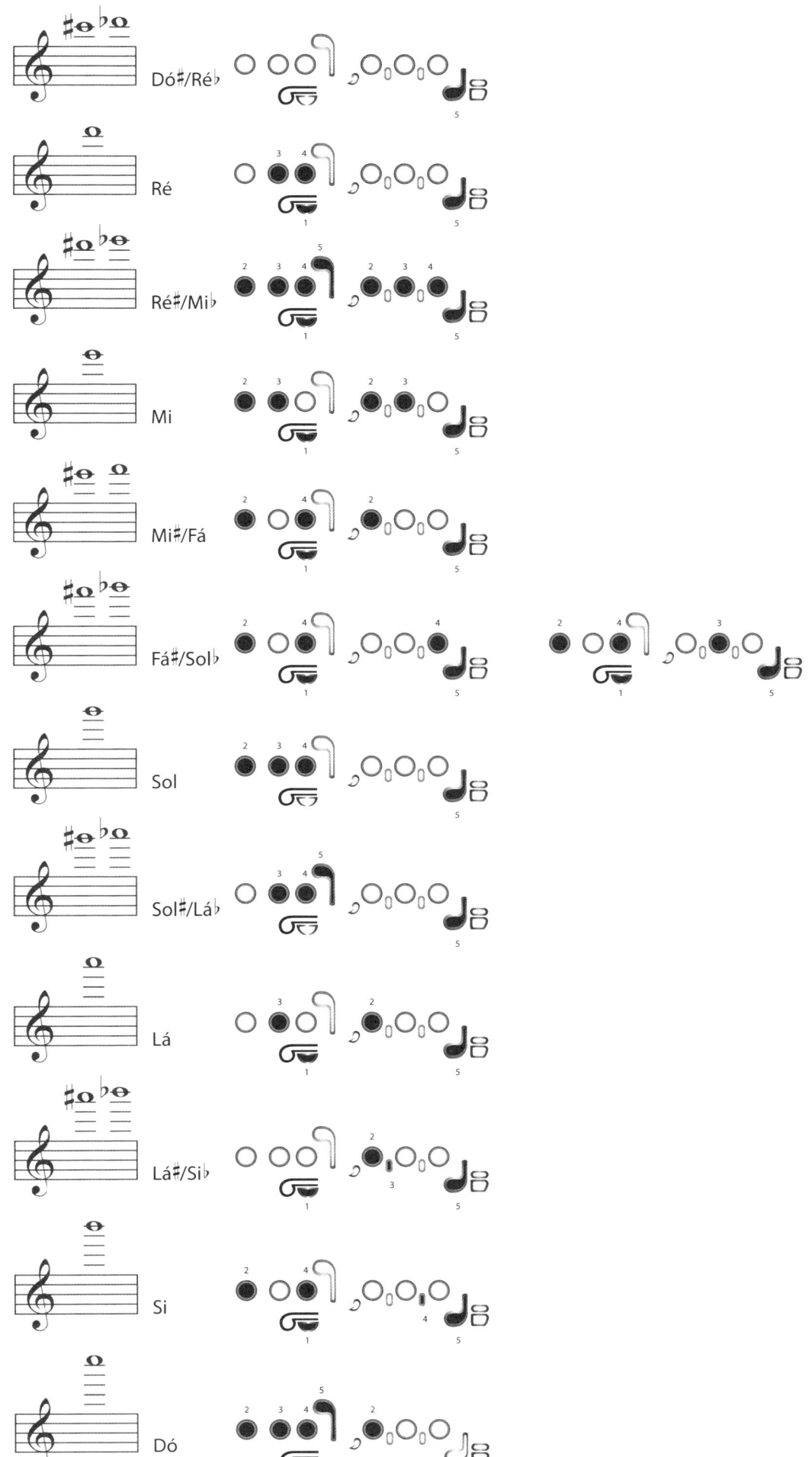

Segunda parte
TERCEIRA OITAVA - EXERCÍCIOS PREPARATÓRIOS

Nestes exercícios, as respirações devem ser feitas tranquilamente, prestando muita atenção na afinação! Lembrem-se que a respiração correta é a diafragmática, explicada no Flauta *Fácil* volume 1.

A primeira nota, Si natural, deverá ser a mais pura possível e servirá de modelo para as demais. Repetir cada exercício várias vezes, buscando a sonoridade ideal! A dinâmica aconselhada para todos esses exercícios é *mf*.

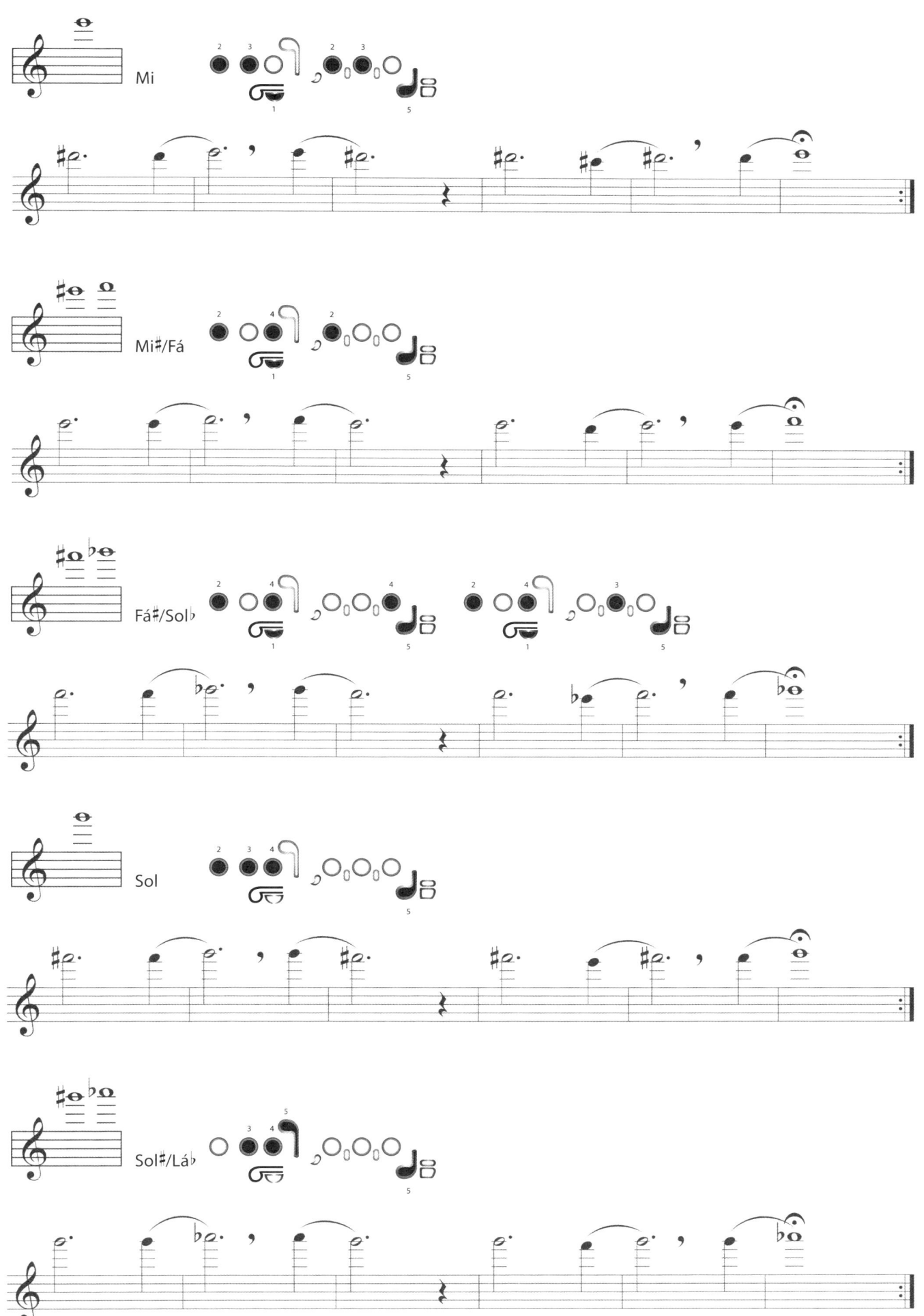

Obs.: Para forçar a memorização das novas posições, deixamos de repetir os diagramas no movimento descendente.

EXERCÍCIOS PREPARATÓRIOS PARA O DOMÍNIO DAS NOTAS DA TERCEIRA OITAVA

Aumentar a velocidade progressivamente a partir do tempo sugerido.

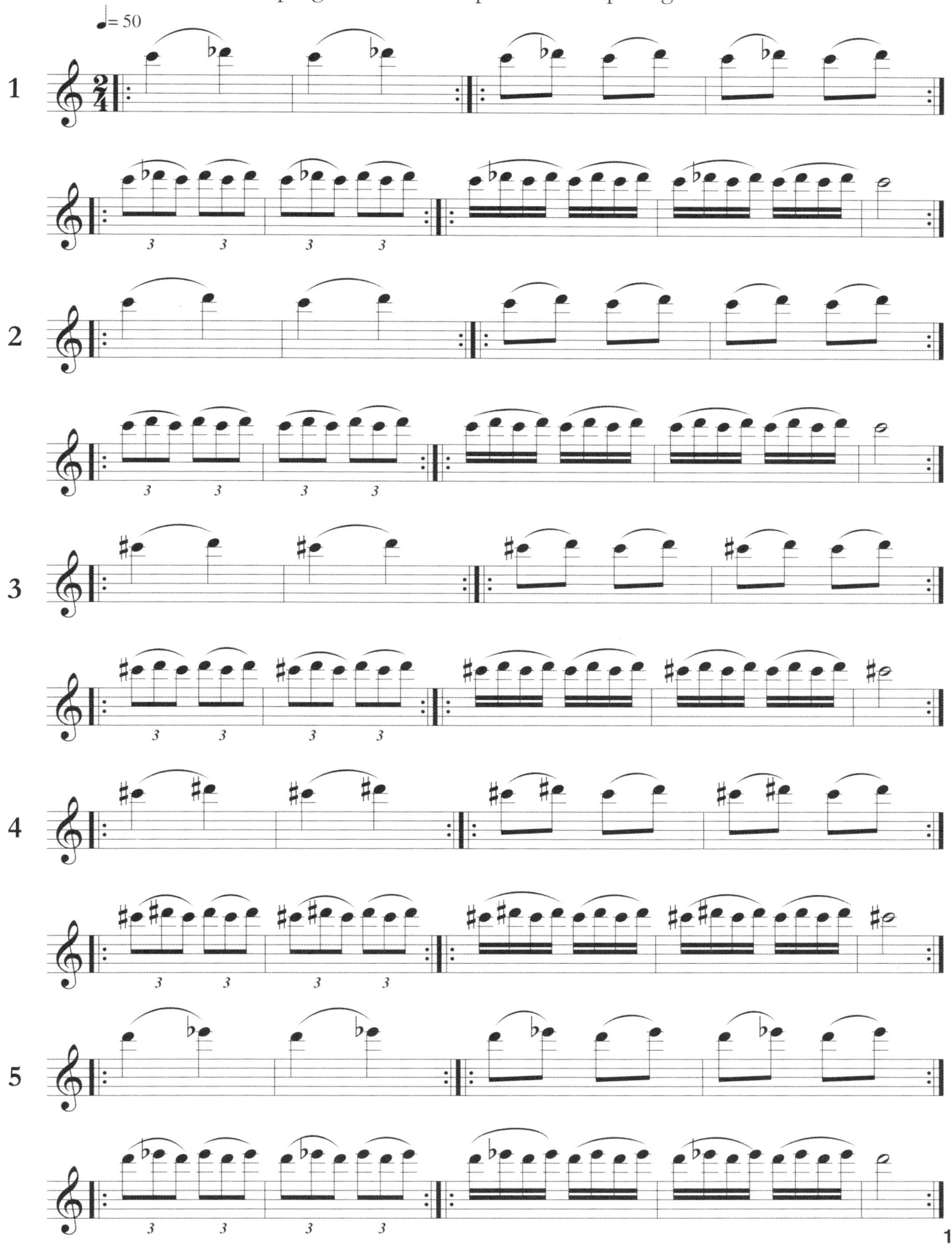

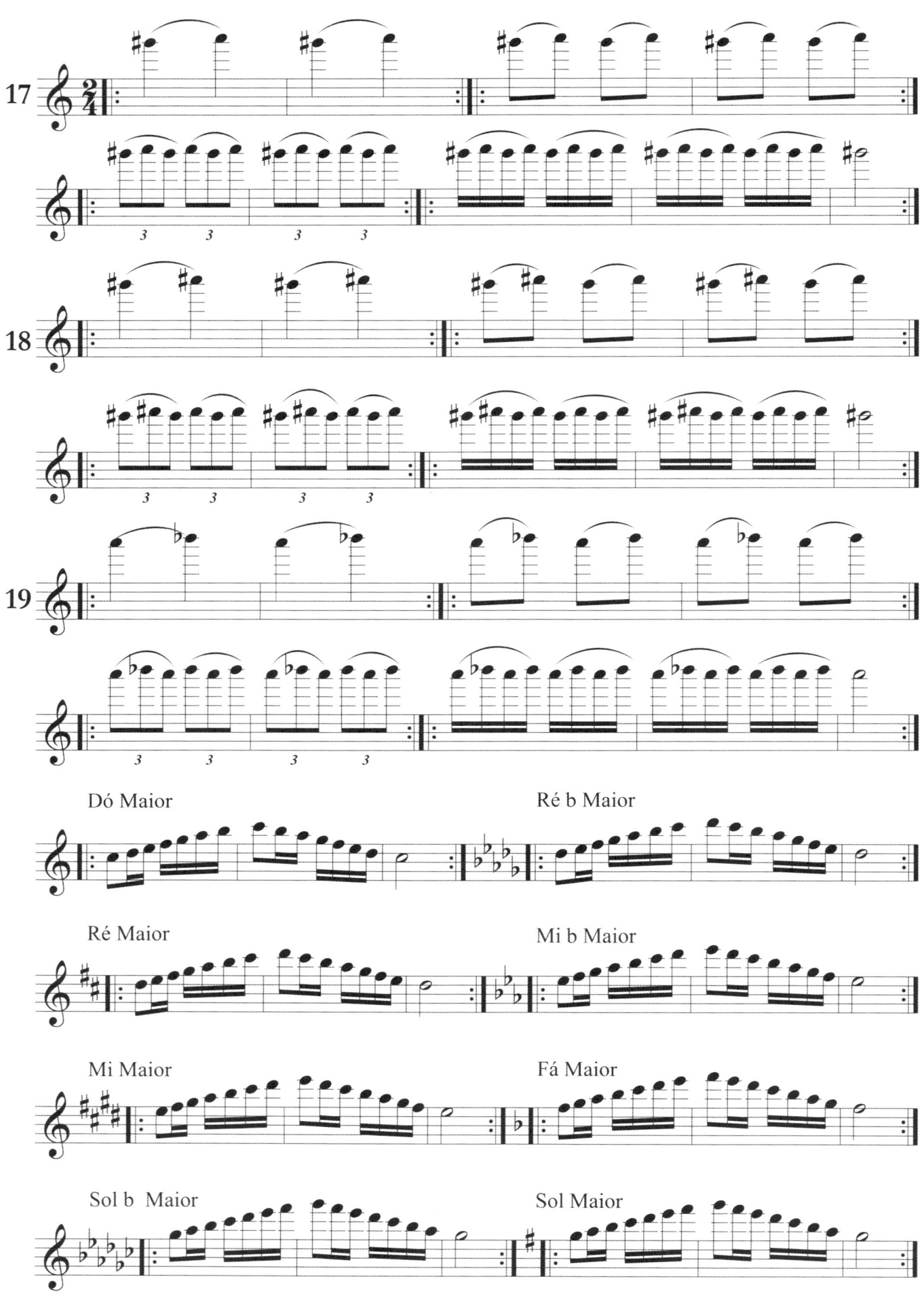

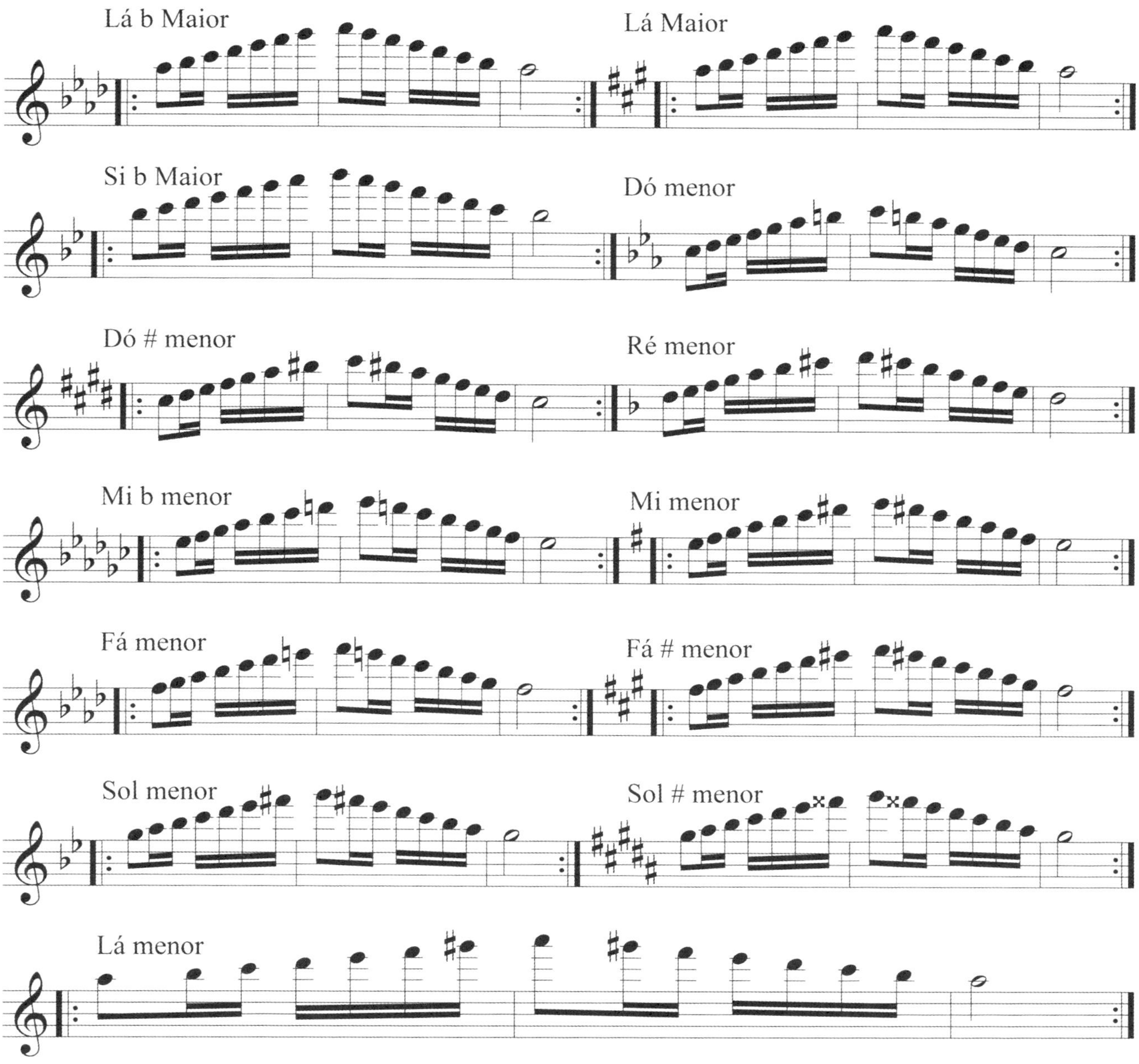

Praticar com as articulações sugeridas abaixo. No caso das notas pontuadas (*staccatos*), quando tocadas em andamentos rápidos, aconselhamos empregar o duplo golpe de língua com as articulações tu-cu-tu-cu, te-ke-te-ke ou du-gu-du-gu.

Terceira parte
SÍNCOPA

A síncopa, ritmo tão característico da música brasileira, é difícil ser explicada através da grafia dada a sua peculiaridade. Depende muito do andamento.

É um assunto tão importante que foi título de minha tese de doutorado defendida na Faculdade de Educação da UFRJ em 1994.

Ermelinda Paz, em sua excelente publicação "500 Canções Brasileiras" diz: "A grafia é, em muitos casos, uma escrita aproximada da realidade musical. Nossa música é por demais rica e possui um *swing* singular. Há nela uma ocorrência muito comum, que não existe grafia musical universal à altura de representá-la. Segundo Radamés Gnattali, o sincopado e a quiáltera (brasileira), em alguns casos, é indefinida; nem é sincopado nem é quiáltera. É as duas coisas sem ser nenhuma e sua execução é aproximadamente uma mescla desses dois ritmos. Por isso, propunha grafar ou sempre que ocorrer esse fenômeno".

Nas músicas tipo choro-canção, como o célebre Carinhoso, de Pixinguinha, ela é menos acentuada. Já nos choros de andamento rápido como Brejeiro, de Ernesto Nazareth, a síncopa é bem "saltitante".

Outra situação bem mais complicada, portanto mais difícil ainda de ser explicada, é a maneira como ela é utilizada na Bossa Nova, como, por exemplo, no Samba de Uma Nota Só, de Tom Jobim e Newton Mendonça

Os estudos preparatórios com os ritmos sincopados são apresentados progressivamente até chegar a forma mais complexa, normalmente empregada na música popular brasileira. Sugerimos praticar, também, em diversas tonalidades, de preferência com o auxílio de um metrônomo.

As fórmulas dos exercícios 3 e 7 correspondentes aos exercícios 2 e 6, respectivamente, são as mais empregadas.

Quarta parte
MELODIAS COM O CD

Exercício preparatório em Sol Maior

Praticar todos os exercícios preparatórios em *mezzo forte* e com as seguintes articulações:

Faixas 3 e 4

O Cisne
do Carnaval dos Animais

Camille Saint-Saëns

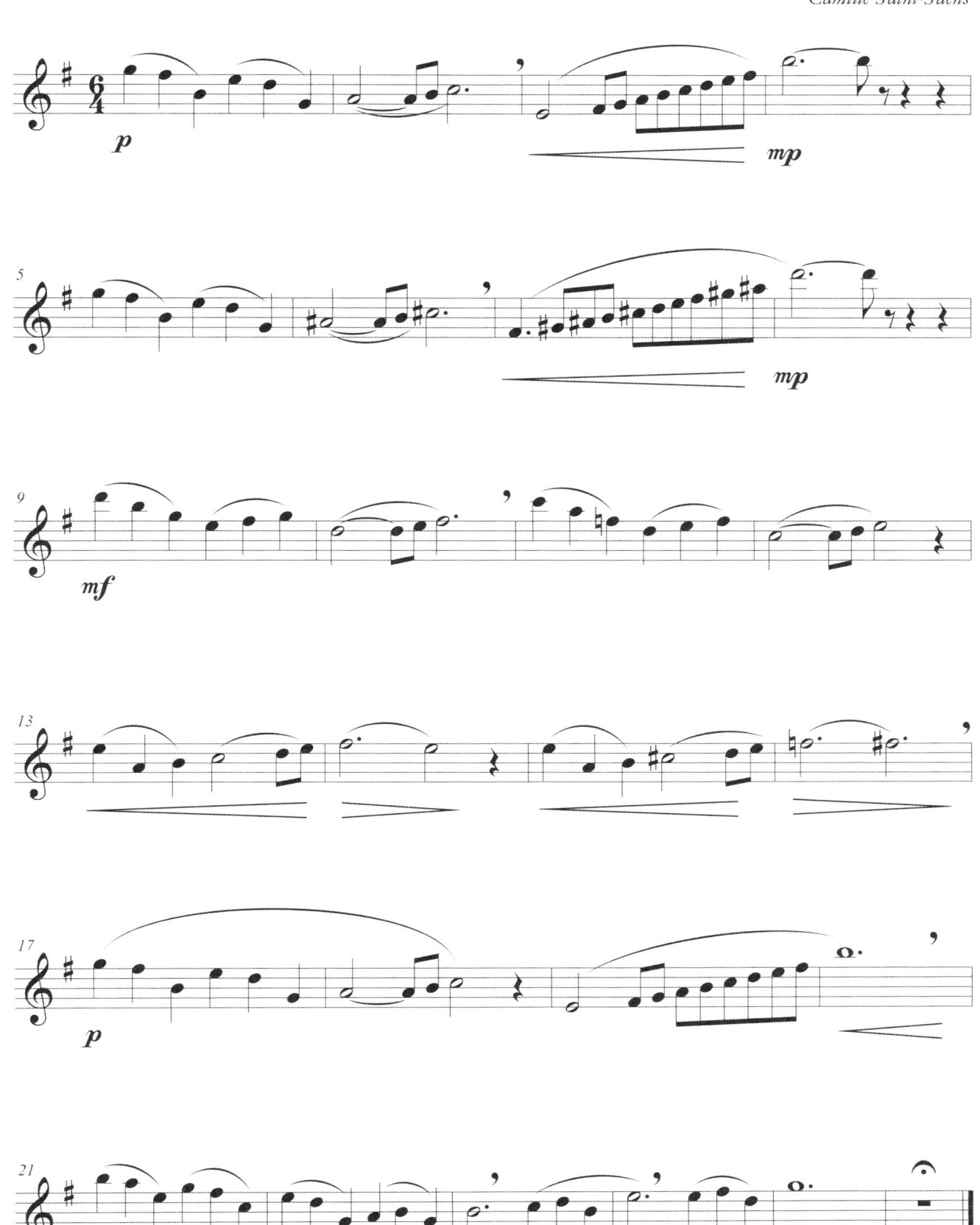

Domínio Público

Faixas 5 e 6

Minueto em Sol

Ludwig Van Beethoven

Domínio Público

PÁGINA PROPOSITALMENTE EM BRANCO

Lamentos

Pixinguinha e Vinícius de Moraes
Arr.: Hudson Nogueira

Canção da Índia

Nikolai Rimsky-Korsakov

Exercício preparatório em Ré menor

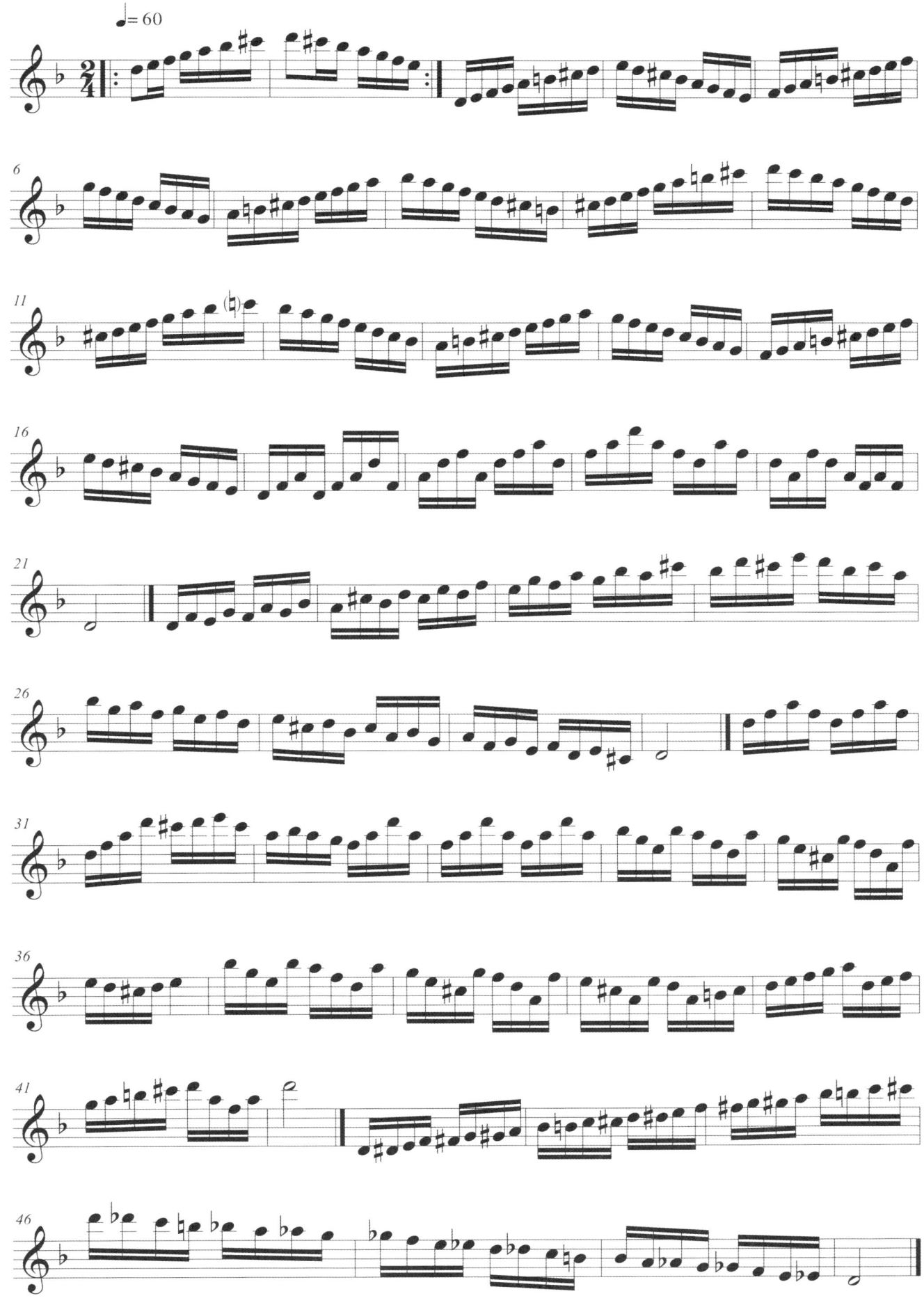

Lua Branca

Chiquinha Gonzaga
Arr.: Hudson Nogueira

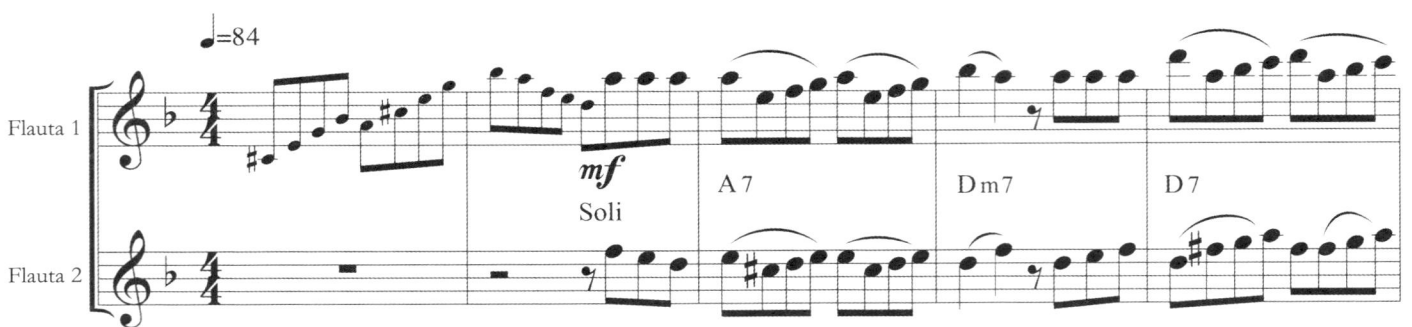
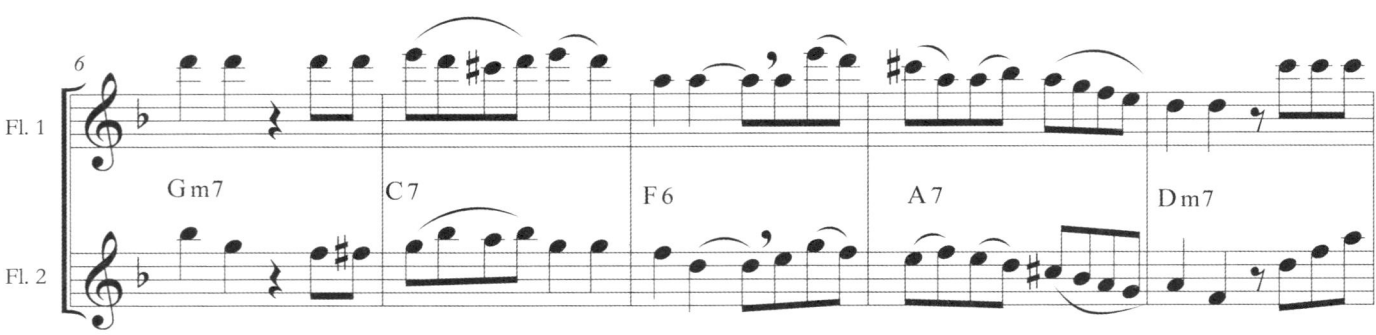

Domínio Público

Exercício preparatório em Dó Maior

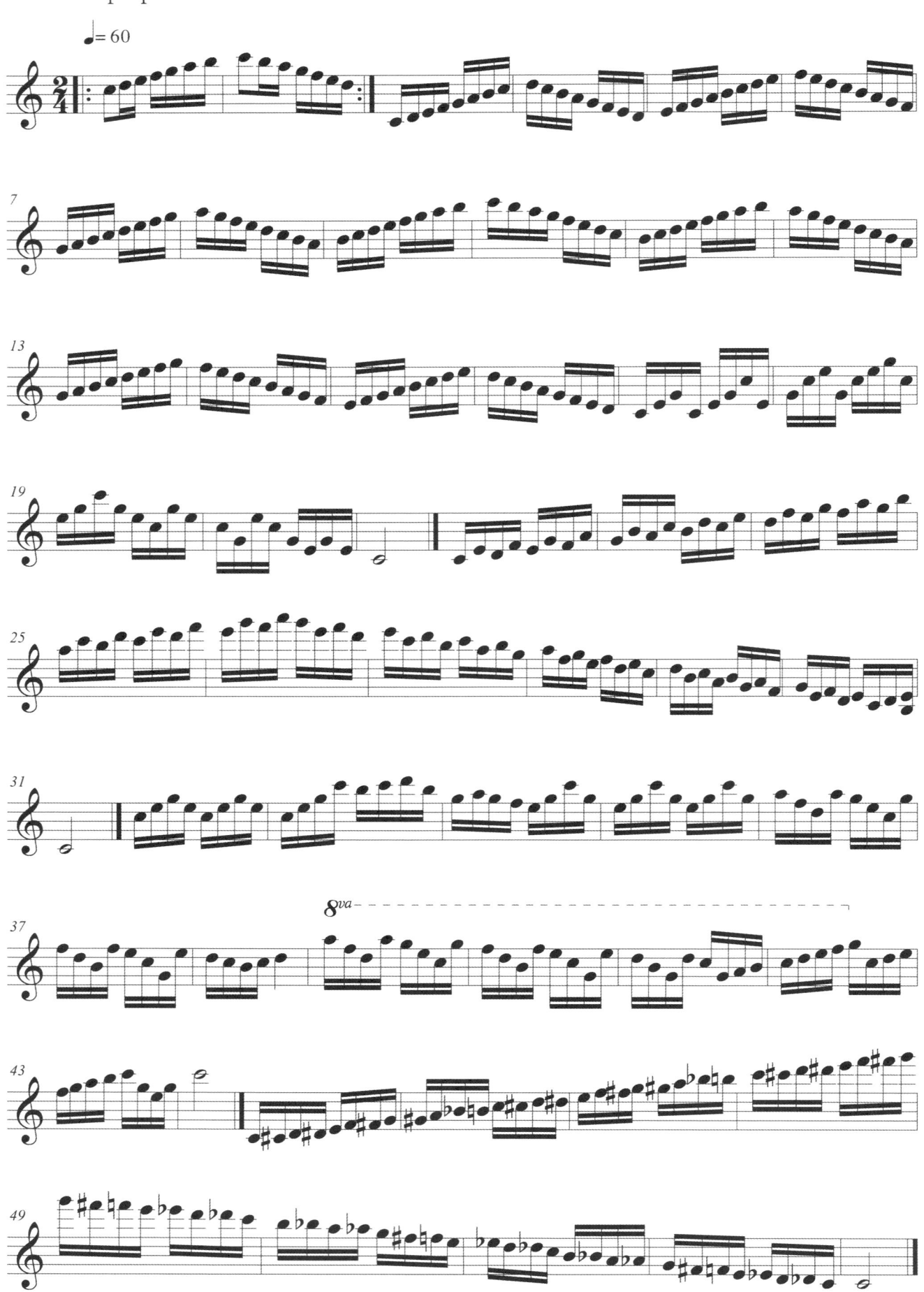

PÁGINA PROPOSITALMENTE EM BRANCO

Flor Amorosa

Joaquim A. Callado e Catullo da Paixão Cearense
Arr.: Hudson Nogueira

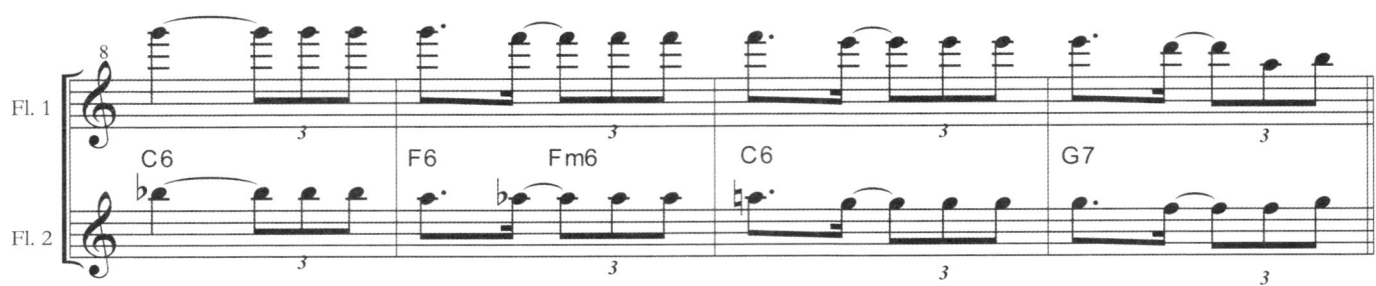

Copyright © by EDITORA ARTHUR NAPOLEÃO LTDA. (FERMATA DO BRASIL) (100%)

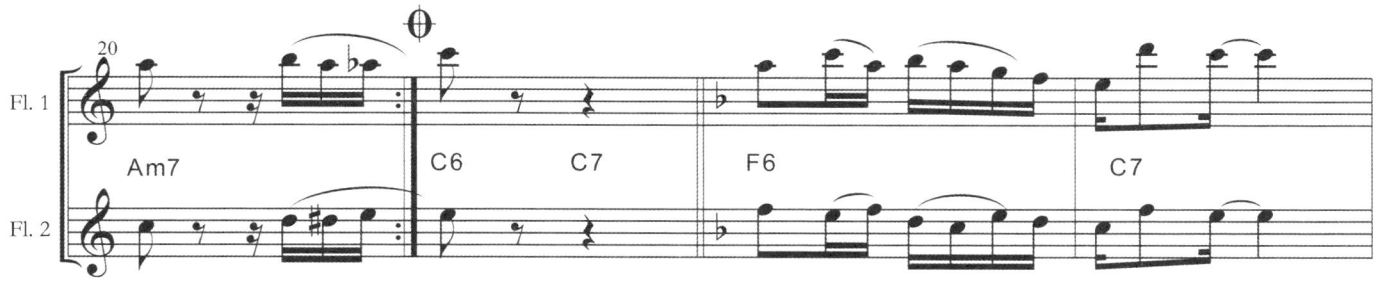
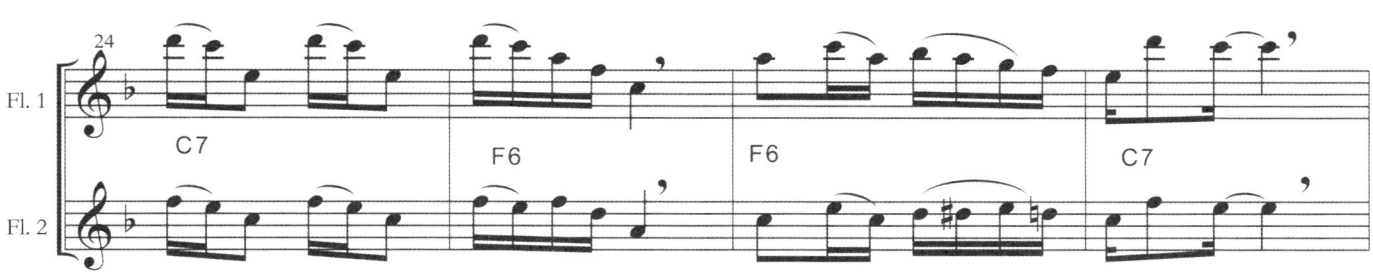

Ave Maria

J. S. Bach e C. Gounod

Domínio Público

Faixas 16 e 17

Porto

Dori Caymmi

Exercício preparatório em Lá menor

Faixas 18 e 19

Modinha

Jayme Ovalle

D.S. al Coda

Copyright ©1945 by IRMÃOS VITALE S/A INDÚSTRIA E COMÉRCIO (100%)

Exercício preparatório em Sol menor

PÁGINA PROPOSITALMENTE EM BRANCO

Sururú na Cidade

Zequinha Abreu
Arr.: Hudson Nogueira

Domínio Público

26
Fl. 1
Fl. 2
B♭6
F7
F7
B♭6
B°7
Cm7
32
F7
C7
F7
B♭6
D.S. al Coda
Gm7
D7
G6
37
G6
E°7
Am7
E7
Am7
D7
43
G6
D7
G6
Em7
E♭7
Dm7
G7
C6
48
Fine
Am7
G6
D7
G6
D7
D.S. al Fine
Gm7

Faixas 21 e 22

Melodia Sentimental

H. Villa-Lobos

Copyright © by ACADEMIA BRASILEIRA DE MÚSICA (100%)

Exercício preparatório em Dó menor

Gaúcho
Cá e Lá - O Corta Jaca

Chiquinha Gonzaga

Faixas 23 e 24

Domínio Público

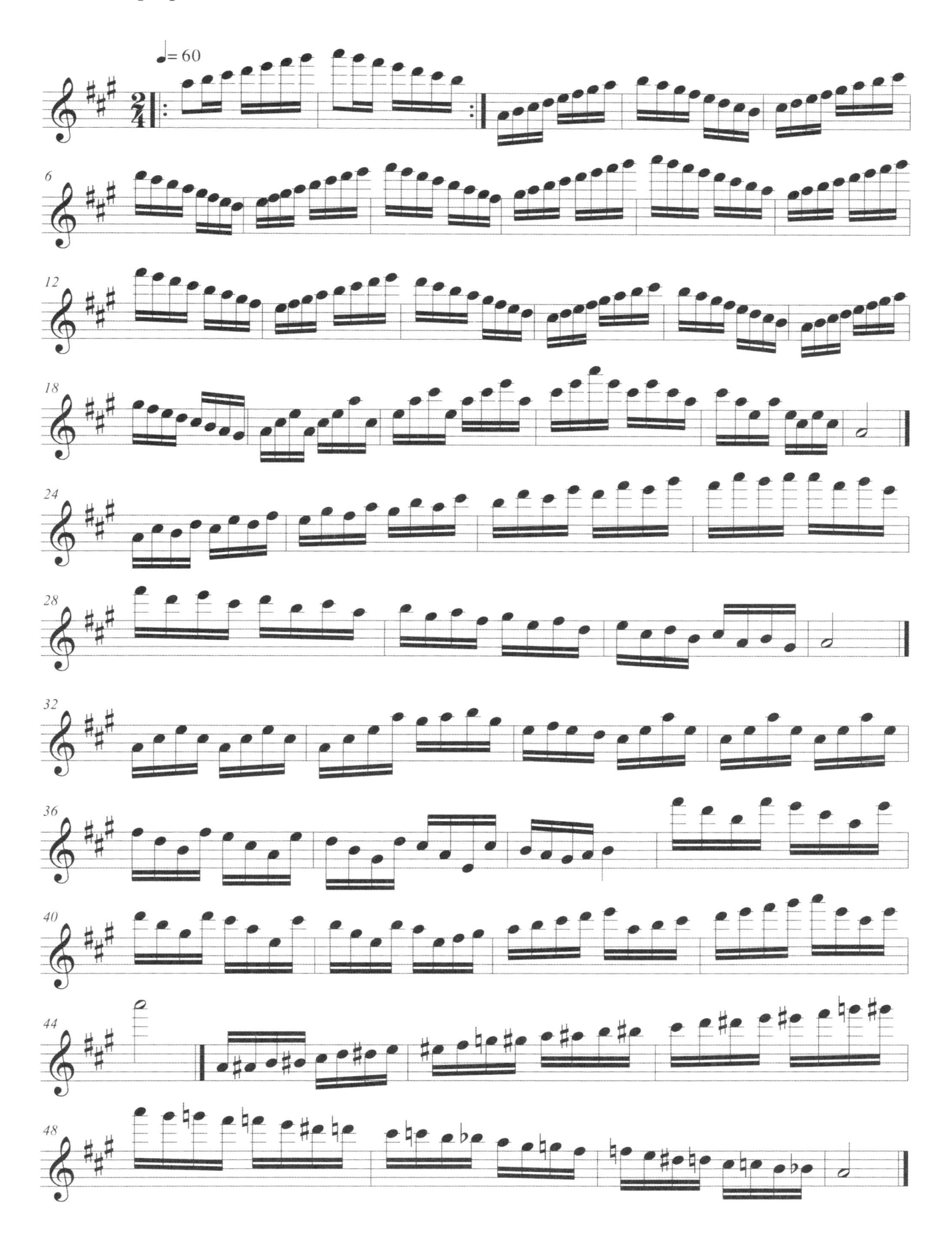

Exercício preparatório em Lá Maior

Exercício preparatório em Mi Maior

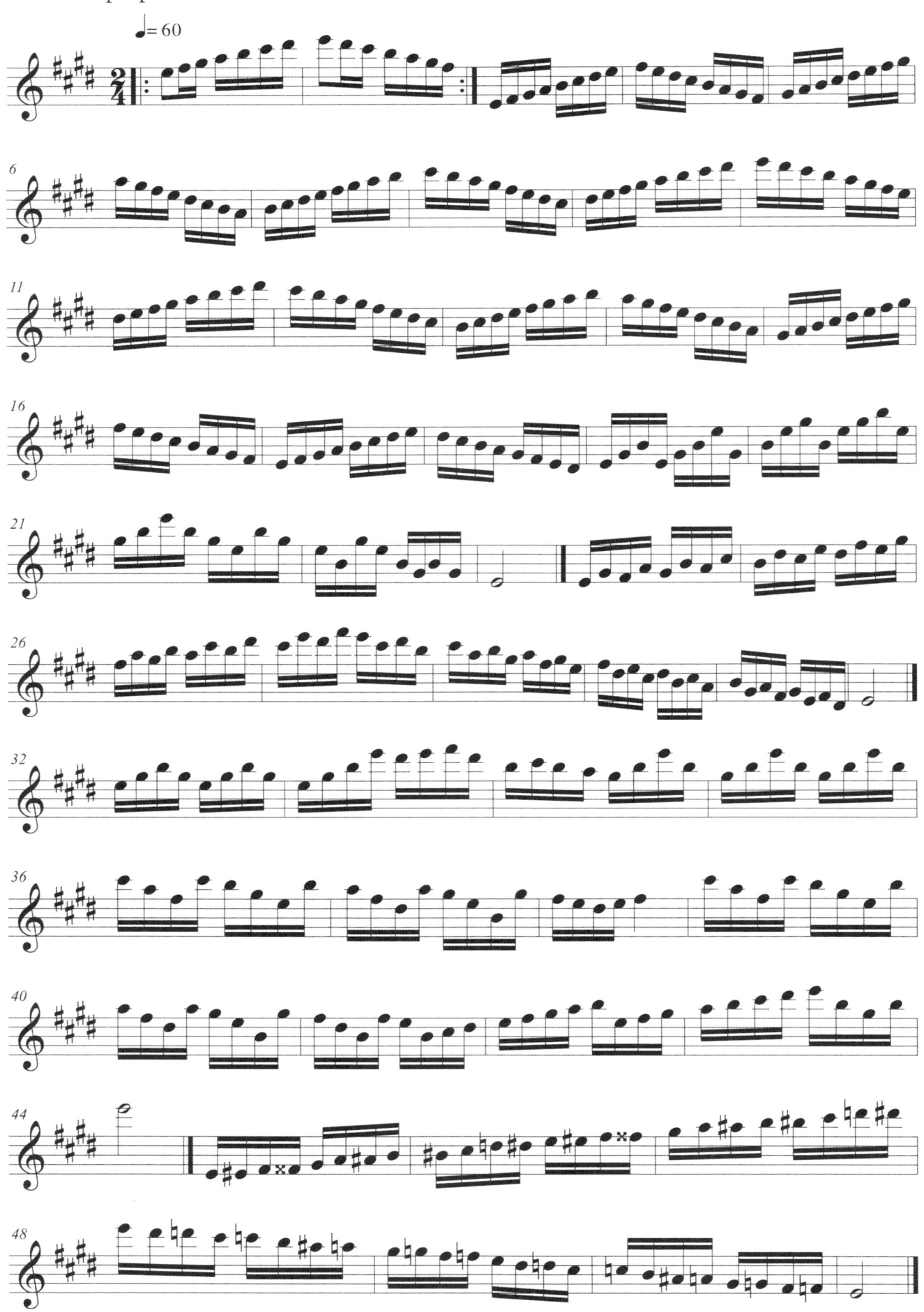

Faixas 25 e 26

Brejeiro

Ernesto Nazareth

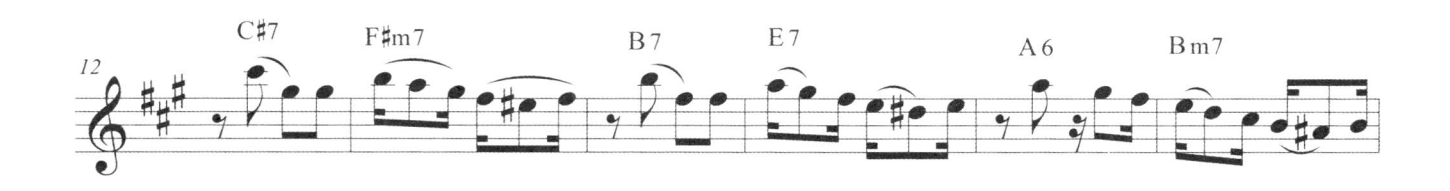

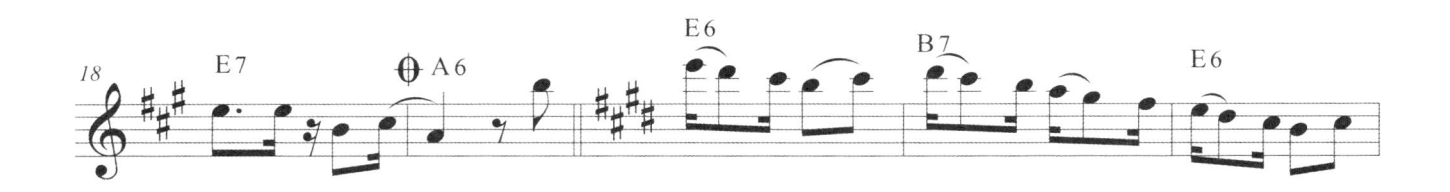

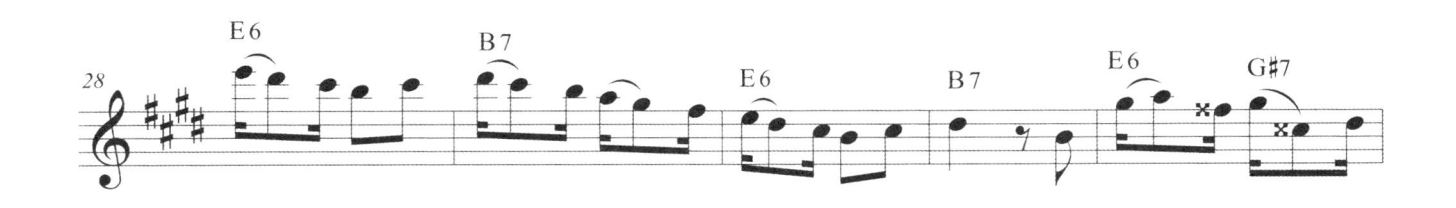

Domínio Público

Exercício preparatório em Mi♭ Maior

Barcarolle

J. Offenbach

Allegretto ♩=56

Exercício preparatório em Ré Maior

♩ = 60

Gavotte

F.J. *Gossec*

Exercício preparatório em Fá Maior

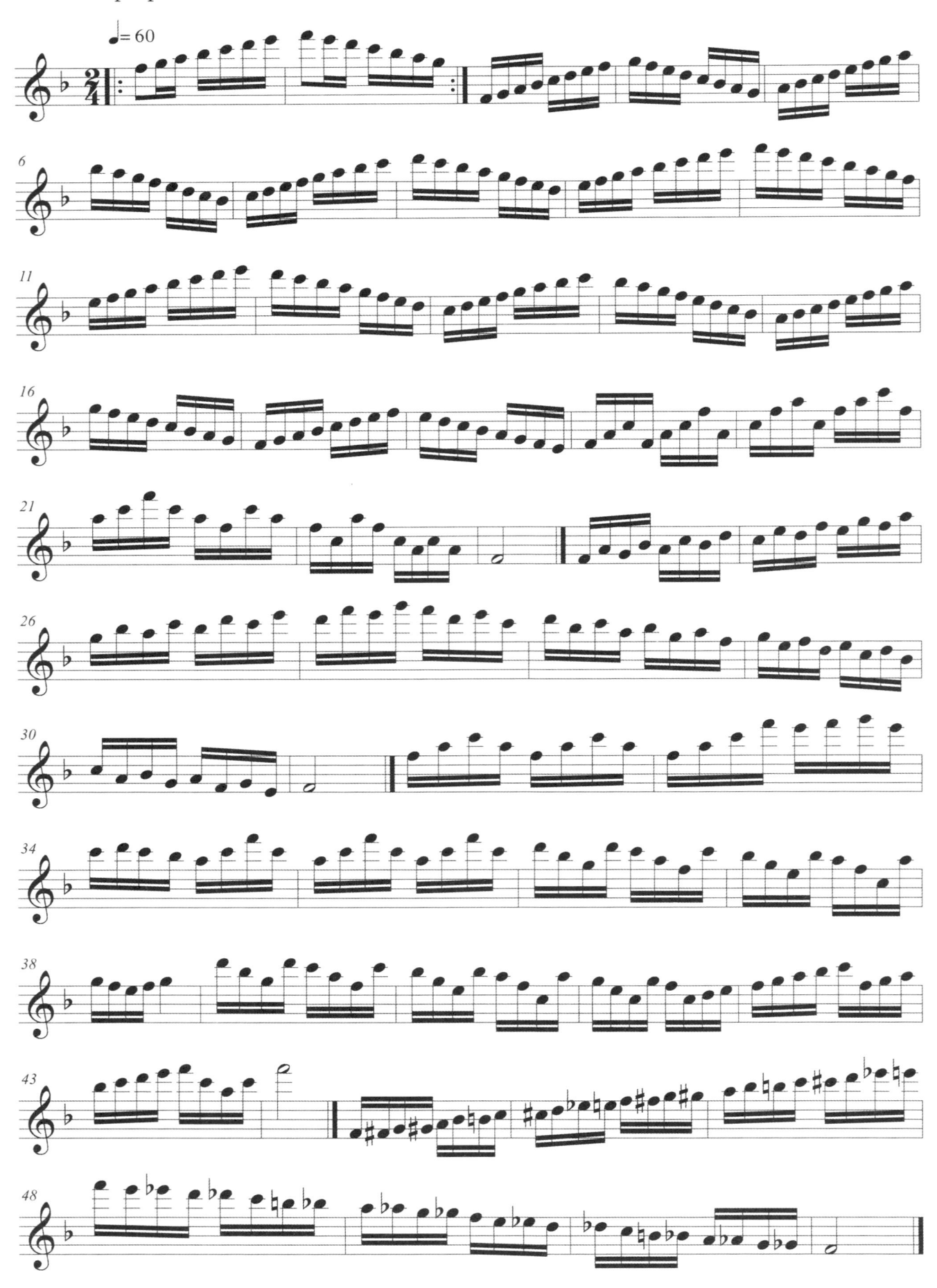

PÁGINA PROPOSITALMENTE EM BRANCO

Faixas 30 e 31

Sterina

Luiz Woltzenlogel

Direto com o autor

43
F6 F6 D7 Gm7 C7 F6 F6 D7
49
Gm7 C7 F6 F6 B♭6
mf
54
B♭6 B♭6 B♭6 B♭6 G7
59
C7 C7 C7 C7 F7
64
F7 E♭6 E7dim B♭6/F F7
69
B♭6 B♭6 B♭6 B♭6
74
G7 G7 Cm7 E♭6 E♭m6
79
B♭6 G7 Cm7 F7 B♭6 B♭6 C7
D.S. al Fine

Intermezzo Sinfônico
da Ópera Cavalleria Rusticana

Pietro Mascagni

Faixas 33 e 34

Carinhoso

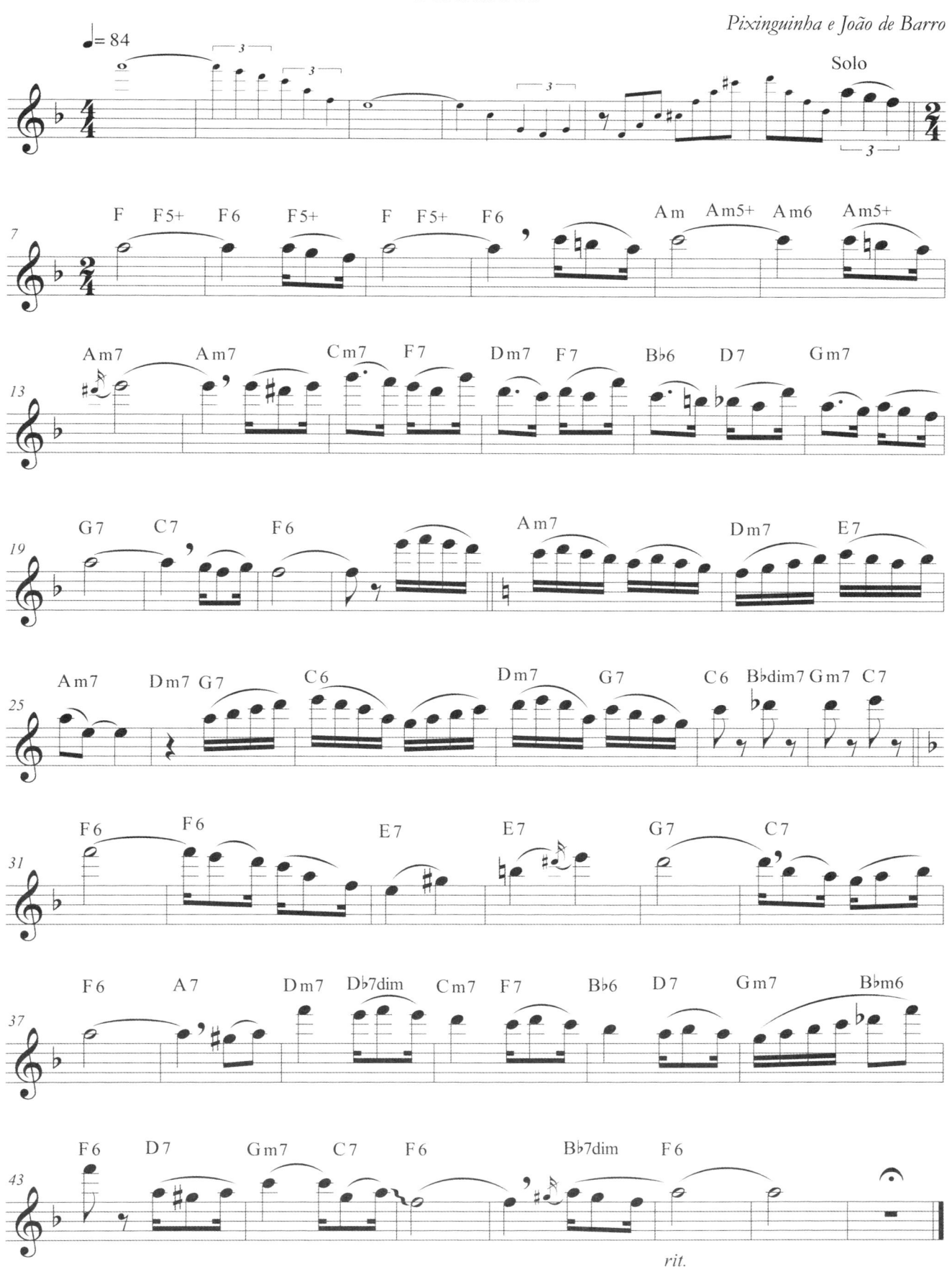

Pixinguinha e João de Barro

Copyright © 1936 by MANGIONE, FILHOS & CIA. LTDA. (100%)

Ária

J.S. Bach

Vou Vivendo

Pixinguinha e Benedito Lacerda

Quinta parte
DUOS, TRIO E QUARTETOS

Fantasia nº 8 em Lá menor
(Praticar inicialmente com a semínima igual a 96)

Philipp Telemann
Arr.: Murilo Moss Barquette

Domínio Público

Antes de tocar estas peças, devemos afinar as flautas. Uma das maneiras mais práticas é a seguinte: a primeira nota a ser emitida pelo primeiro flautista, a qual chamamos de fundamental, deve ser na dinâmica *mf* e sem vibrar. O segundo flautista tocará a 5ª fundamental. Por exemplo, se a nota fundamental for o Lá natural, o segundo flautista tocará o Mi natural. Dessa maneira, vai ser muito mais prático para se perceber a afinação dessa nota. Se esse intervalo estiver afinado, provavelmente todas as outras notas também estarão. Nesse caso, o segundo flautista terá que fechar o bocal se estiver baixo ou abri-lo se estiver alto. Se forem mais de dois, pode-se tocar um acorde perfeito maior, por exemplo, Lá-Dó#-Mi-Lá. Nesse caso, teremos mais uma boa oportunidade de conferir o Dó#, que, na grande maioria das flautas, é alto. Para corrigi-lo, basta virar o bocal um pouco para dentro ao emitir ou utilizar um dedilhado alternativo, acrescentando o quarto dedo na mão direita na chave de Ré.

Periquito Maracanã

Folclore do Espírito Santo

Domínio Público

A Cantiga de Roda
(do Guia Prático de Villa-Lobos)

H. Villa-Lobos

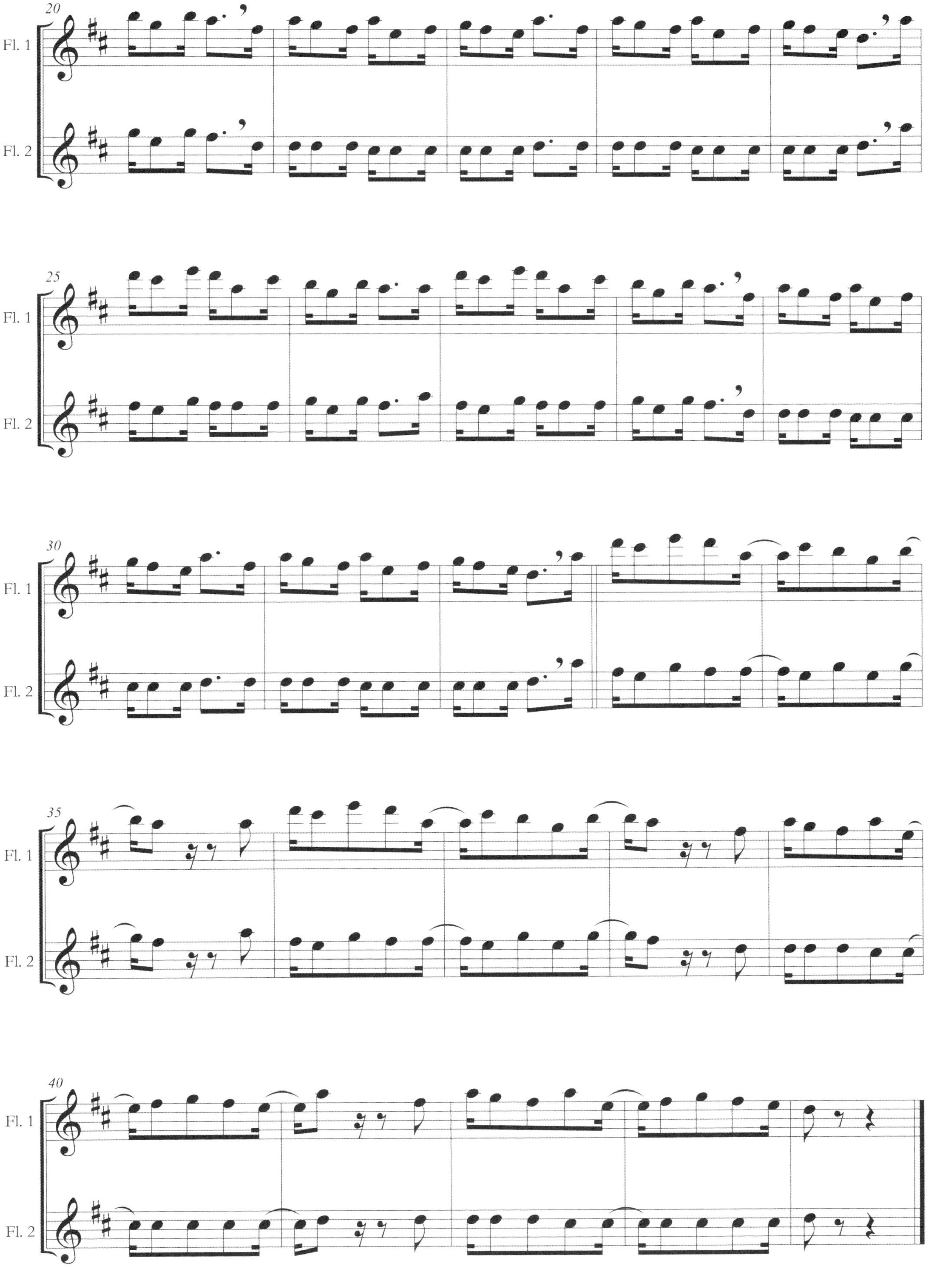
20
Fl. 1
Fl. 2
25
Fl. 1
Fl. 2
30
Fl. 1
Fl. 2
35
Fl. 1
Fl. 2
40
Fl. 1
Fl. 2

Duo
Wie stark is nicht dein Zauberton (da ópera Flauta Mágica)

W.A. Mozart

A partir deste momento, aconselhamos usar, nos trechos rápidos com a articulação *staccato*, o duplo golpe de língua: tu-cu-tu-cu, te-ke-te-ke ou du-gu-du-gu.

Domínio Público

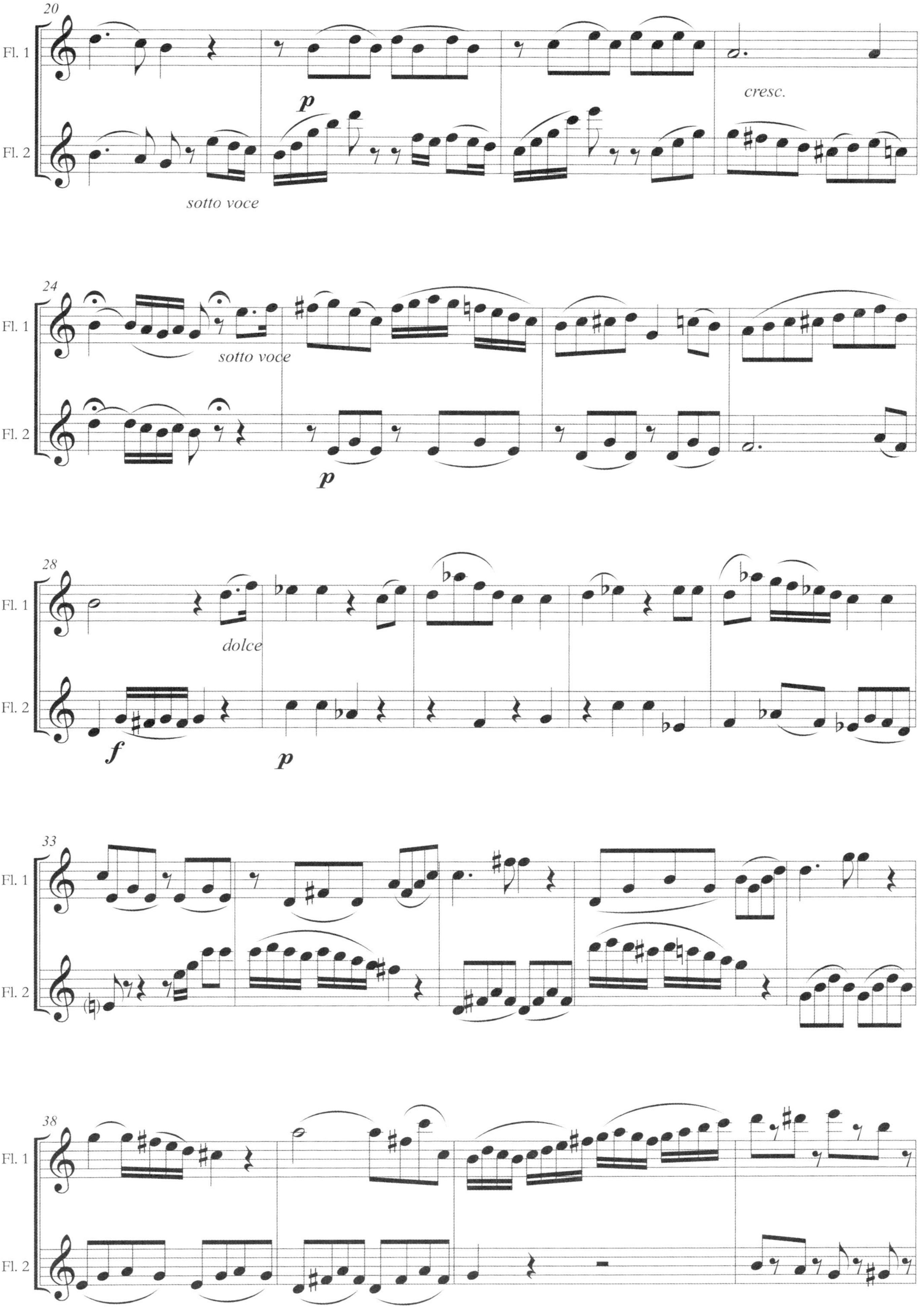
20
Fl. 1
Fl. 2
p
cresc.
sotto voce
24
sotto voce
p
28
dolce
f
p
33
38

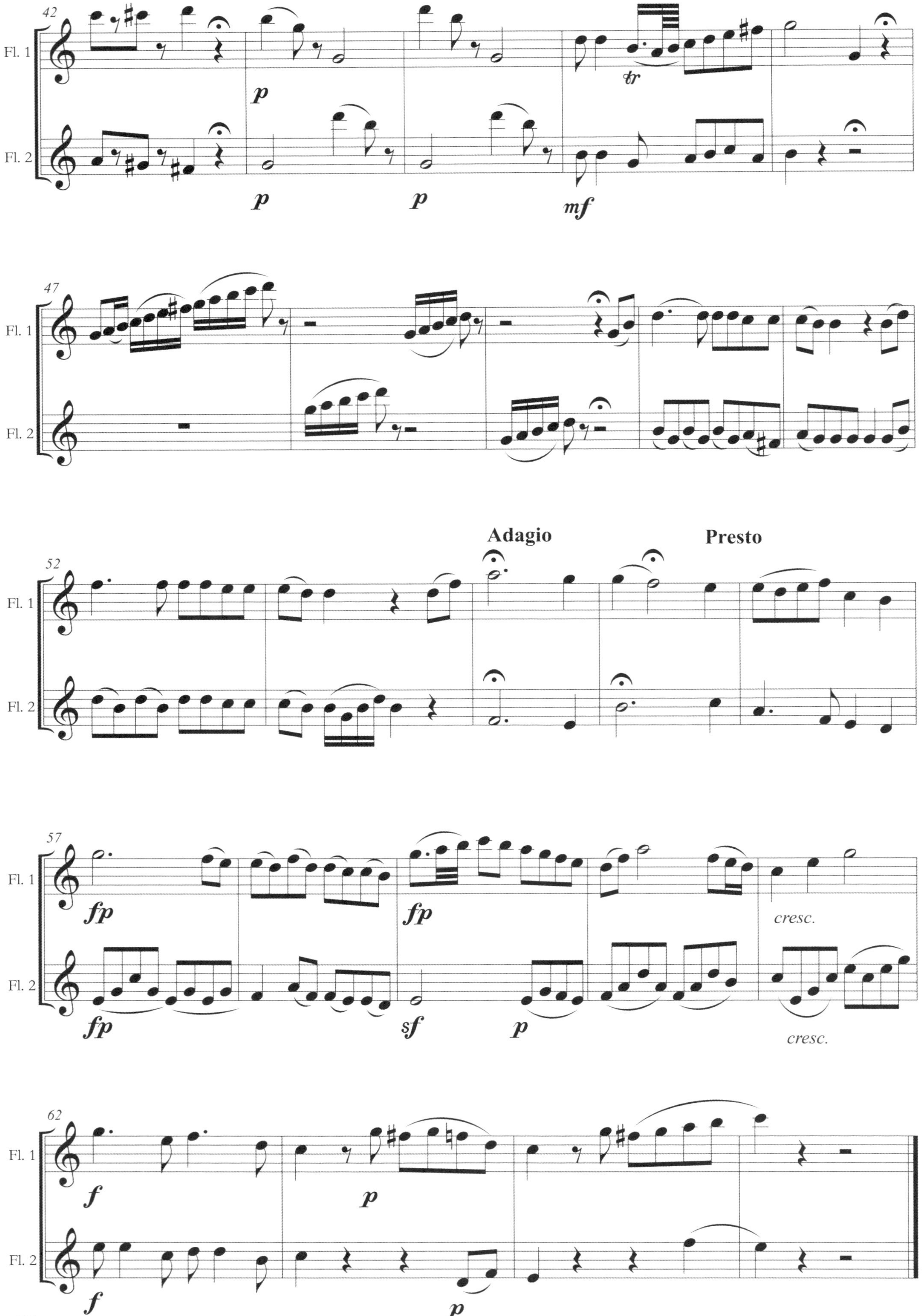
42
Fl. 1
Fl. 2
47
52
Adagio
Presto
57
cresc.
62

PÁGINA PROPOSITALMENTE EM BRANCO

Chorei

Pixinguinha e Benedito Lacerda
Arr.: Murilo Moss Barquette

24
Fl. 1
Fl. 2
Am C7/G F G7 A7
28
D7 Gm G#° F/A Db7 F/C C7
32
F A7 Dm Bb A7 Dm A7
37
Dm Am E7 A7 D7
42
G7 C7 F Em7(b5) Dm Dm/C Bb6 A7
48
Dm A7 Dm Bb7 A7

Dm A7 Dm Bm7(♭5) Am E7
Fl. 1
Fl. 2
A7 D7 G7 C7 F
Em7(♭5) A7 Dm Dm/C Gm/B♭ A7 Dm F
D.S. al Coda
B♭ F/A E♭/G D/F♯ E♭ E°
B♭/F Gm C7 F7
B♭ F/A E♭/G D/F♯ E♭ E°

79
B♭/F G7 C7 F7 B♭ F7 B♭ F/A
Fl. 1
Fl. 2
84
E♭/G D/F♯ E♭ E° B♭/F Gm C7
Fl. 1
Fl. 2
89
F7 B♭ F/A E♭/G D/F♯
Fl. 1
Fl. 2
94
E♭ E° B♭/F Gm C7 F7 B♭ C7
Fl. 1
D.S. al Fine
Fl. 2
98
Am C7/G F G7 A7 D7
Fl. 1
Fine
Fl. 2
103
Gm G♯° F/A D♭7 F/C C7 F
Fl. 1
Fl. 2

Chorinho Triste

João Dias Carrasqueira

Direto com o autor

18
Fl. 1
Fl. 2
Fl. 3
Gm
D7
D7
Gm D7
Gm
23
D D/b
Em A7
D
F F/E♭
B♭/D
28
Cm D7
G7 9b
Cm
Cm6
Gm
Gm6
32
A♭/C
D7
Gm
1.
Gm F
2.
B
F
G
Dal 𝄋 al 𝄌

Badinerie

J.S. Bach
Adapt.: Murilo Moss Barquette

Allegro ♩ = 108

Domínio Público

14
Fl. 1
Fl. 2
Fl. 3
Fl. 4
tr
1.
2.
mf
19
Fl. 1
Fl. 2
Fl. 3
Fl. 4
24
Fl. 1
Fl. 2
Fl. 3
Fl. 4
tr

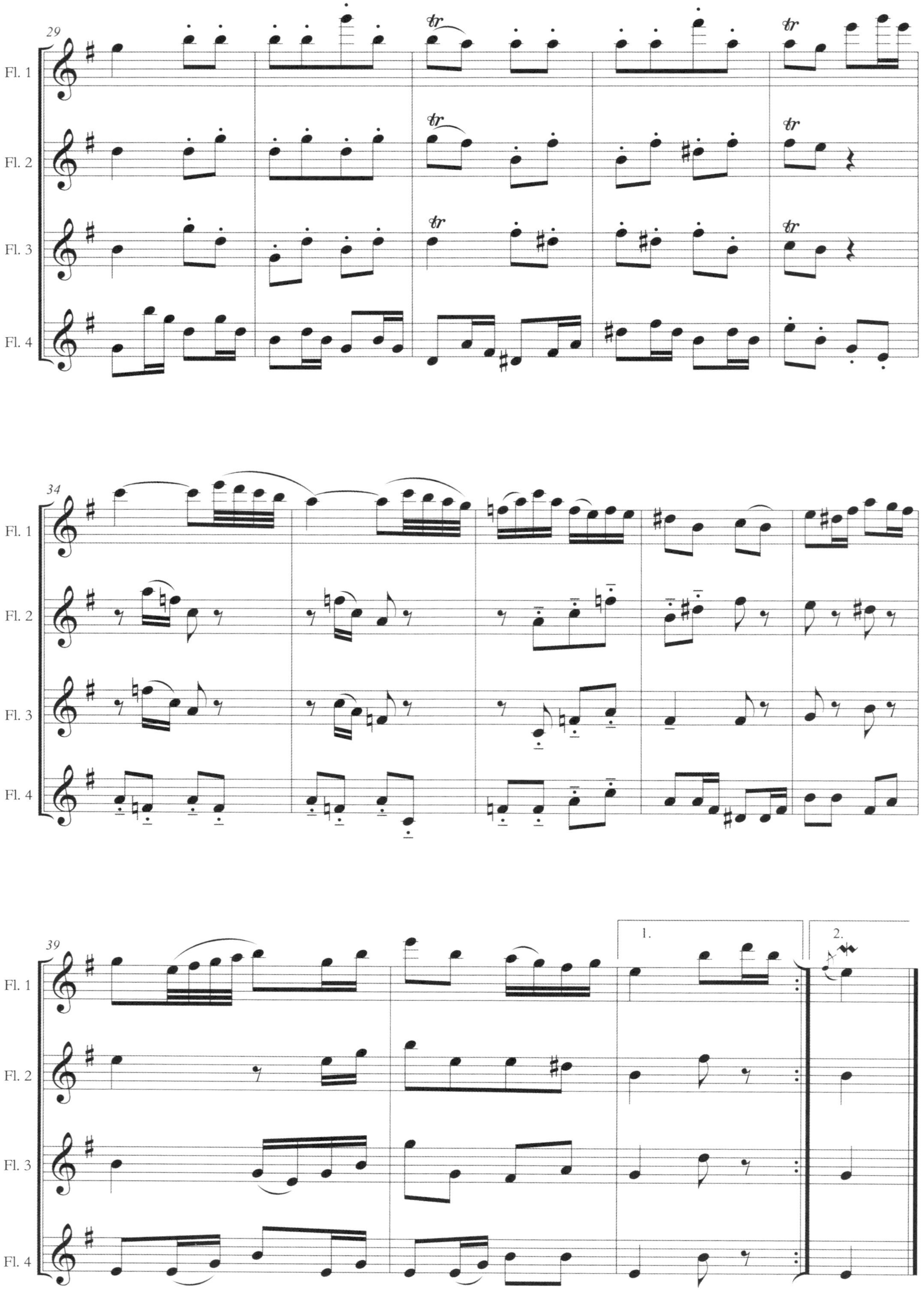
29
Fl. 1
Fl. 2
Fl. 3
Fl. 4
34
39
1.
2.

PÁGINA PROPOSITALMENTE EM BRANCO

O Negrinho

C. Debussy
Adapt.: Murilo Moss Barquette

Domínio Público

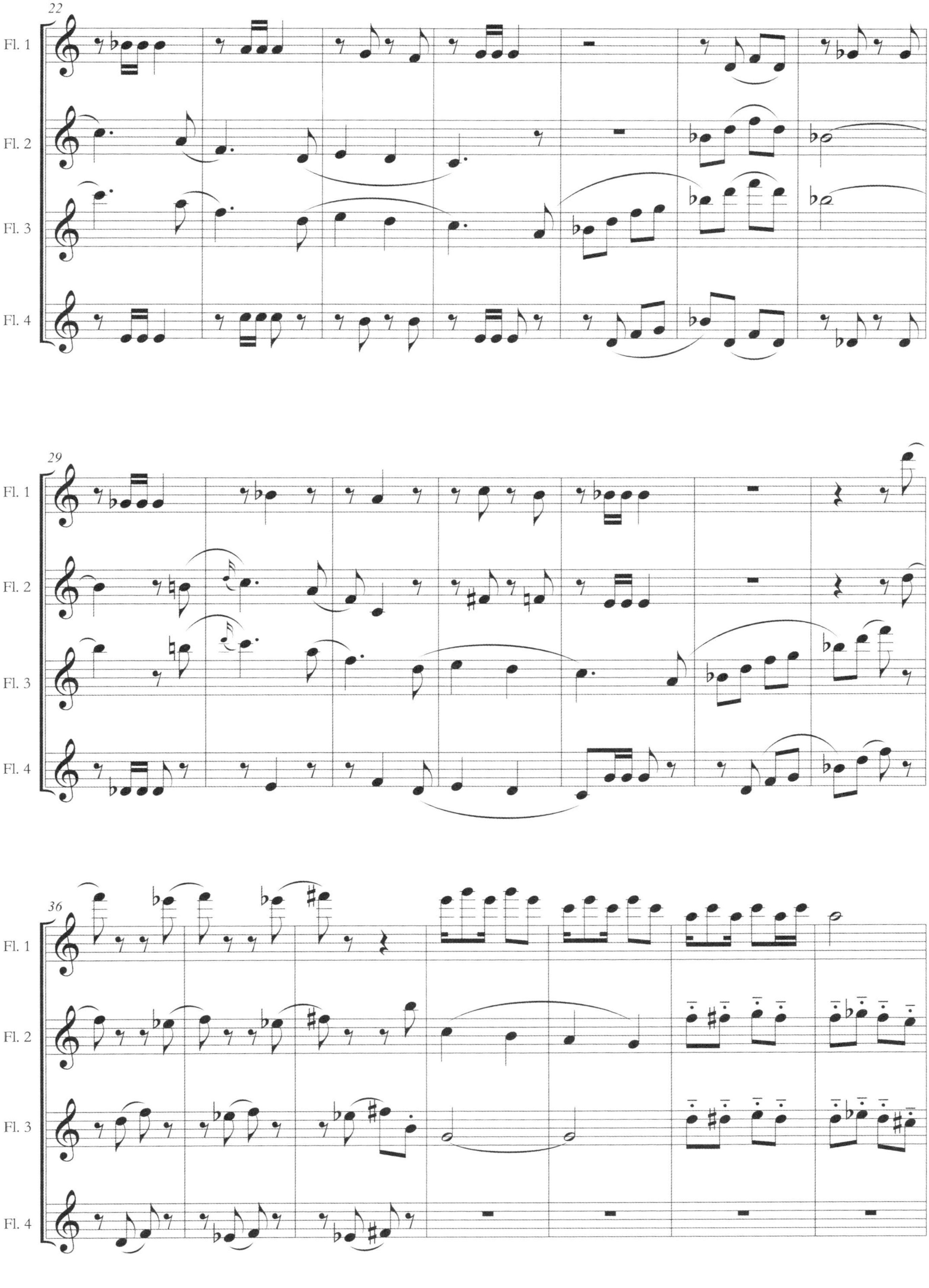
22
Fl. 1
Fl. 2
Fl. 3
Fl. 4
29
Fl. 1
Fl. 2
Fl. 3
Fl. 4
36
Fl. 1
Fl. 2
Fl. 3
Fl. 4

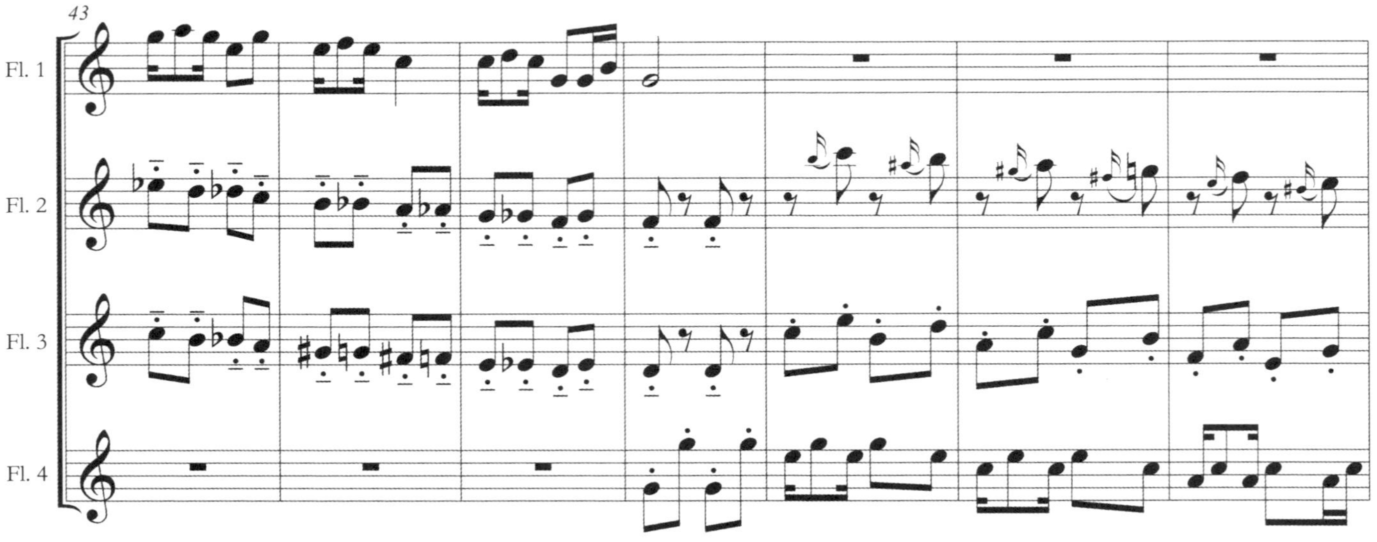
43
Fl. 1
Fl. 2
Fl. 3
Fl. 4

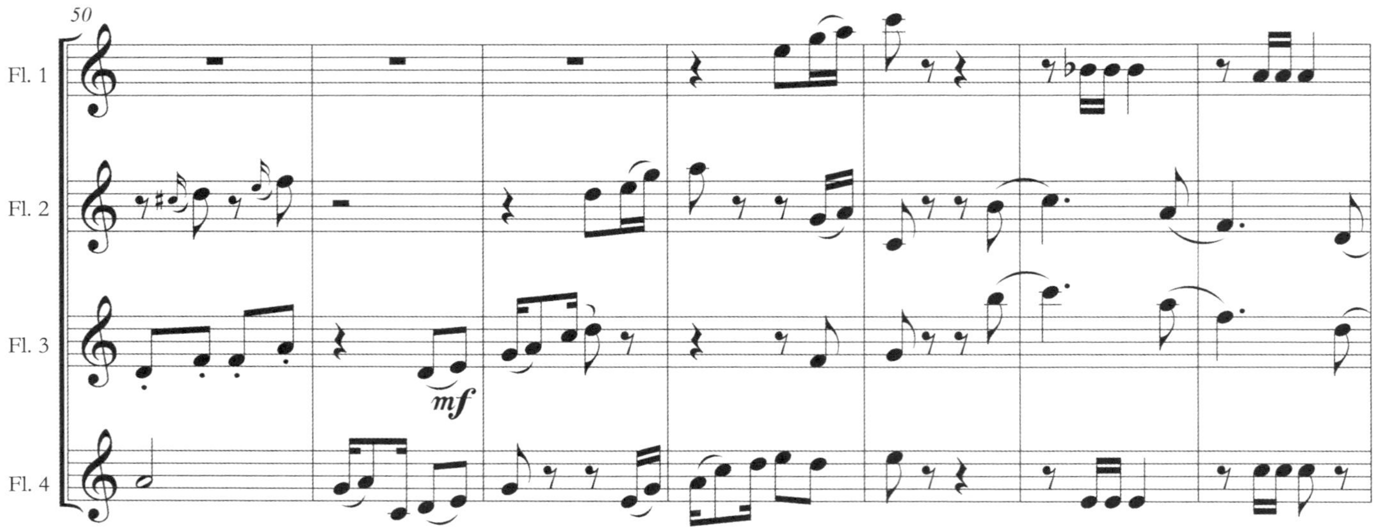
50
Fl. 1
Fl. 2
Fl. 3
mf
Fl. 4

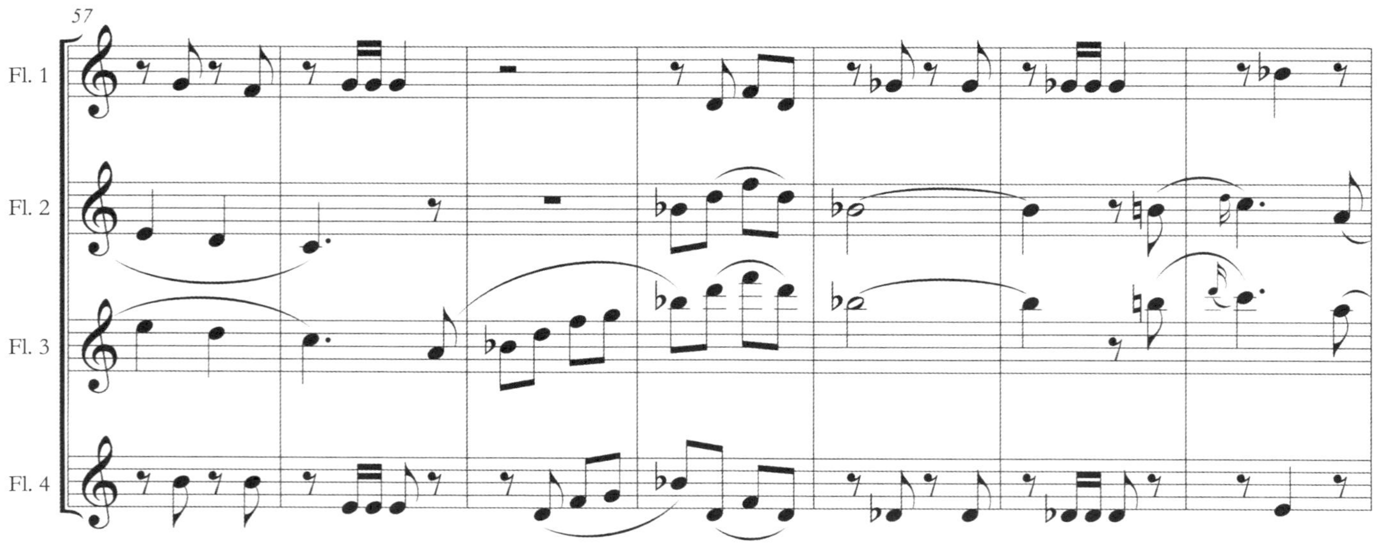
57
Fl. 1
Fl. 2
Fl. 3
Fl. 4

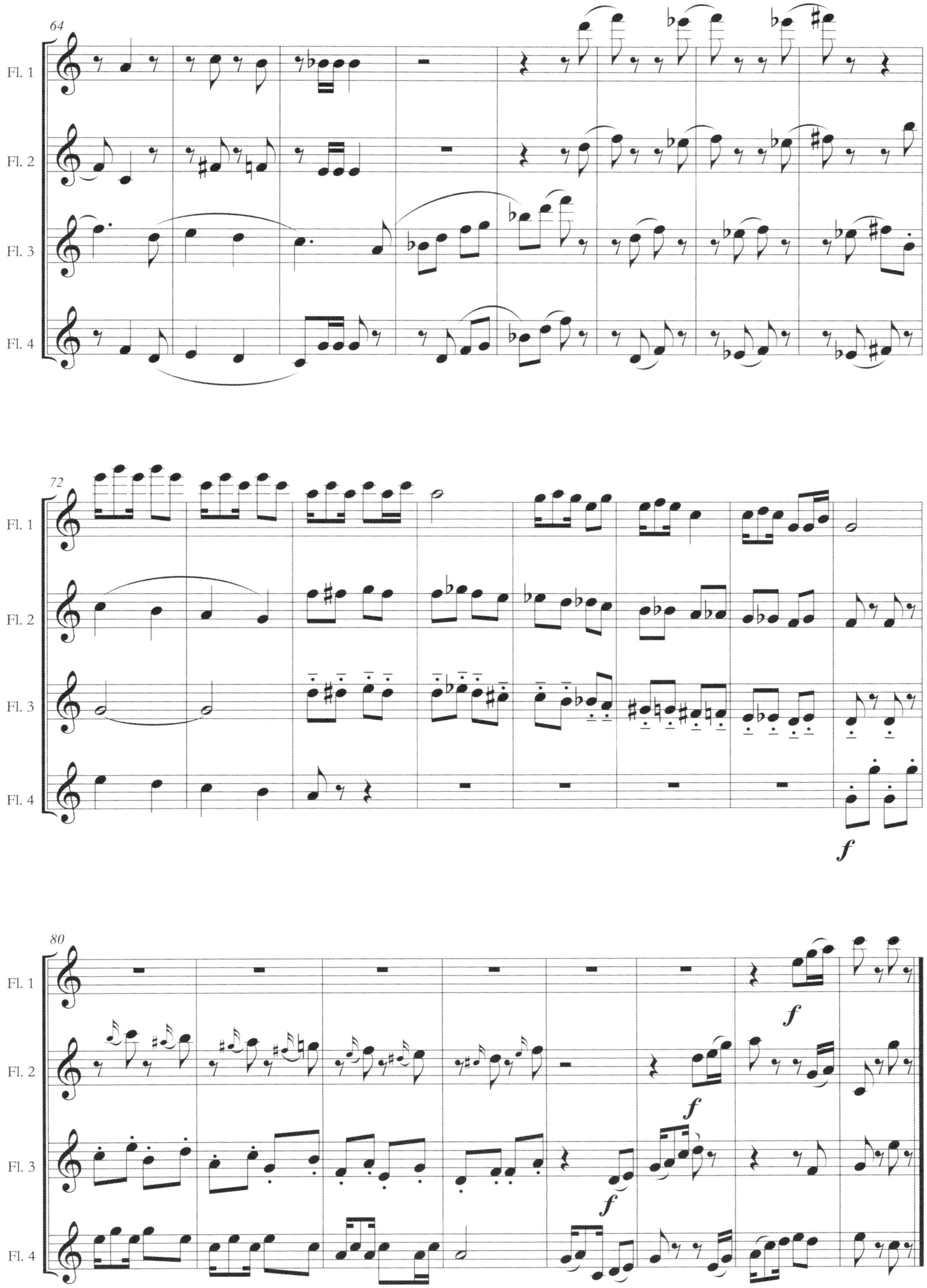
64
Fl. 1
Fl. 2
Fl. 3
Fl. 4
72
Fl. 1
Fl. 2
Fl. 3
Fl. 4
f
80
Fl. 1
Fl. 2
Fl. 3
Fl. 4
f
f
f

The Entertainer

Scott Joplin
Arr.: Murilo Moss Barquette

Not fast ($\quarternote$ = c. 78)

Domínio Público

85

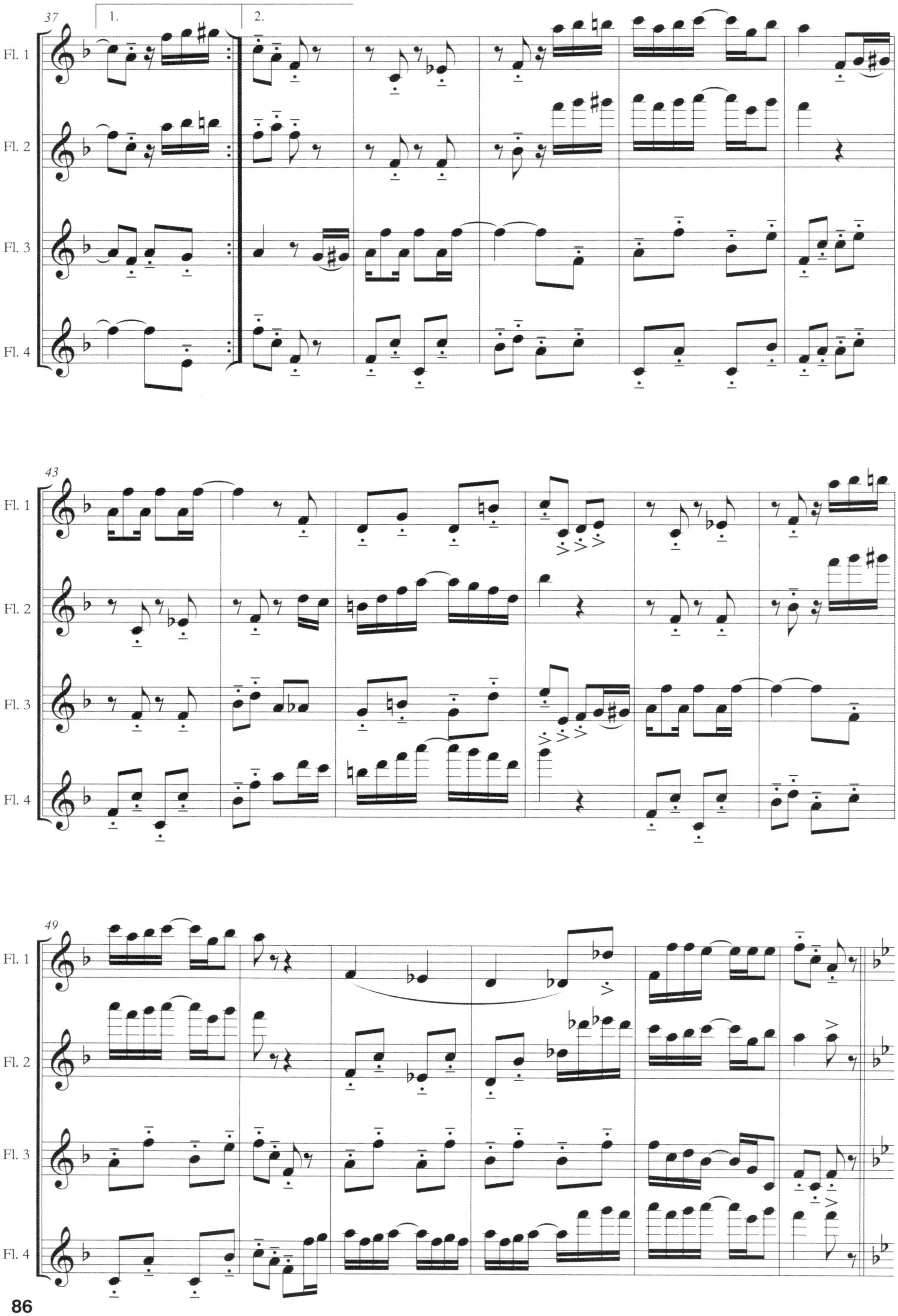
37
1.
2.
Fl. 1
Fl. 2
Fl. 3
Fl. 4
43
Fl. 1
Fl. 2
Fl. 3
Fl. 4
49
Fl. 1
Fl. 2
Fl. 3
Fl. 4

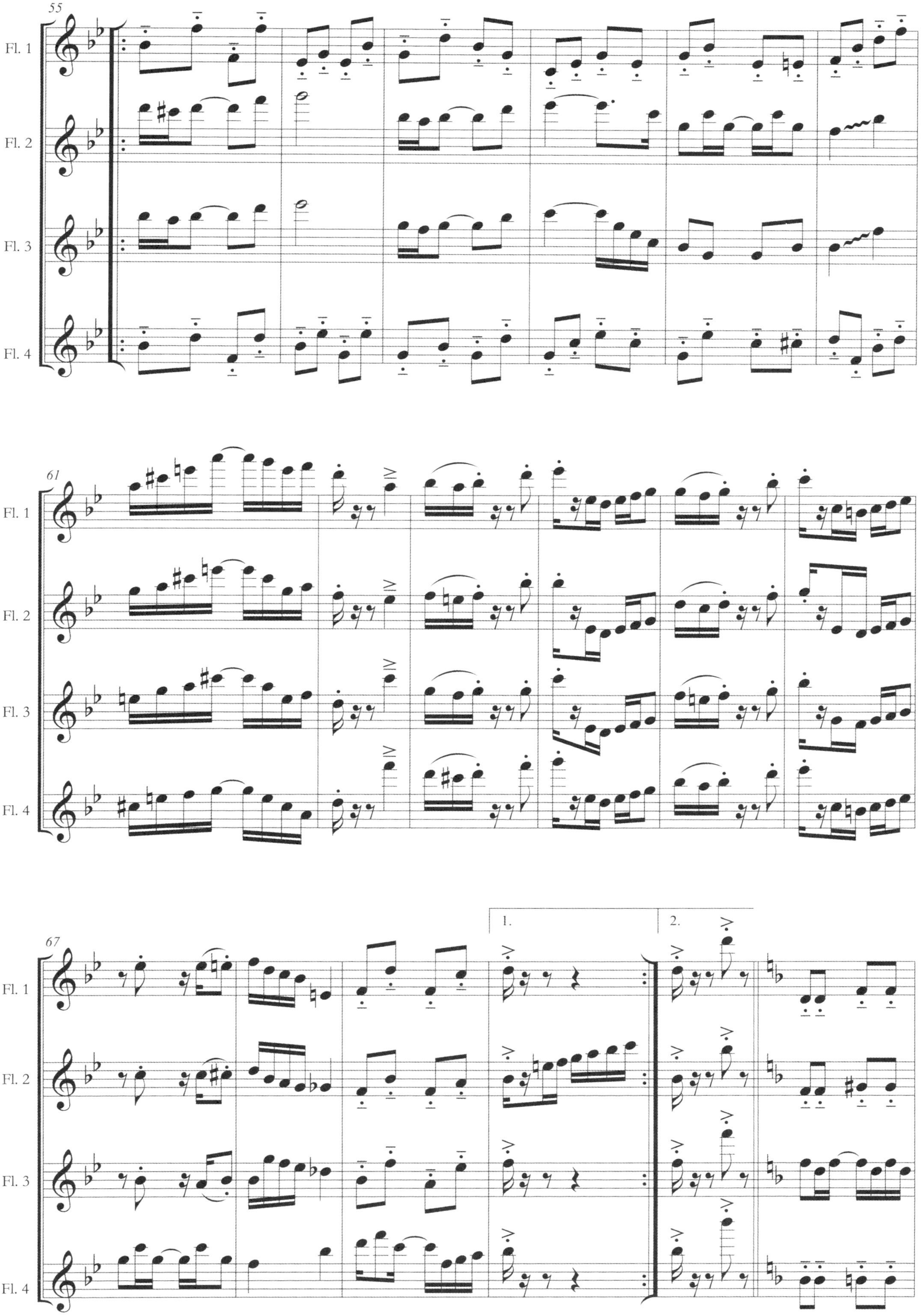
55
Fl. 1
Fl. 2
Fl. 3
Fl. 4
61
Fl. 1
Fl. 2
Fl. 3
Fl. 4
67
1.
2.
Fl. 1
Fl. 2
Fl. 3
Fl. 4

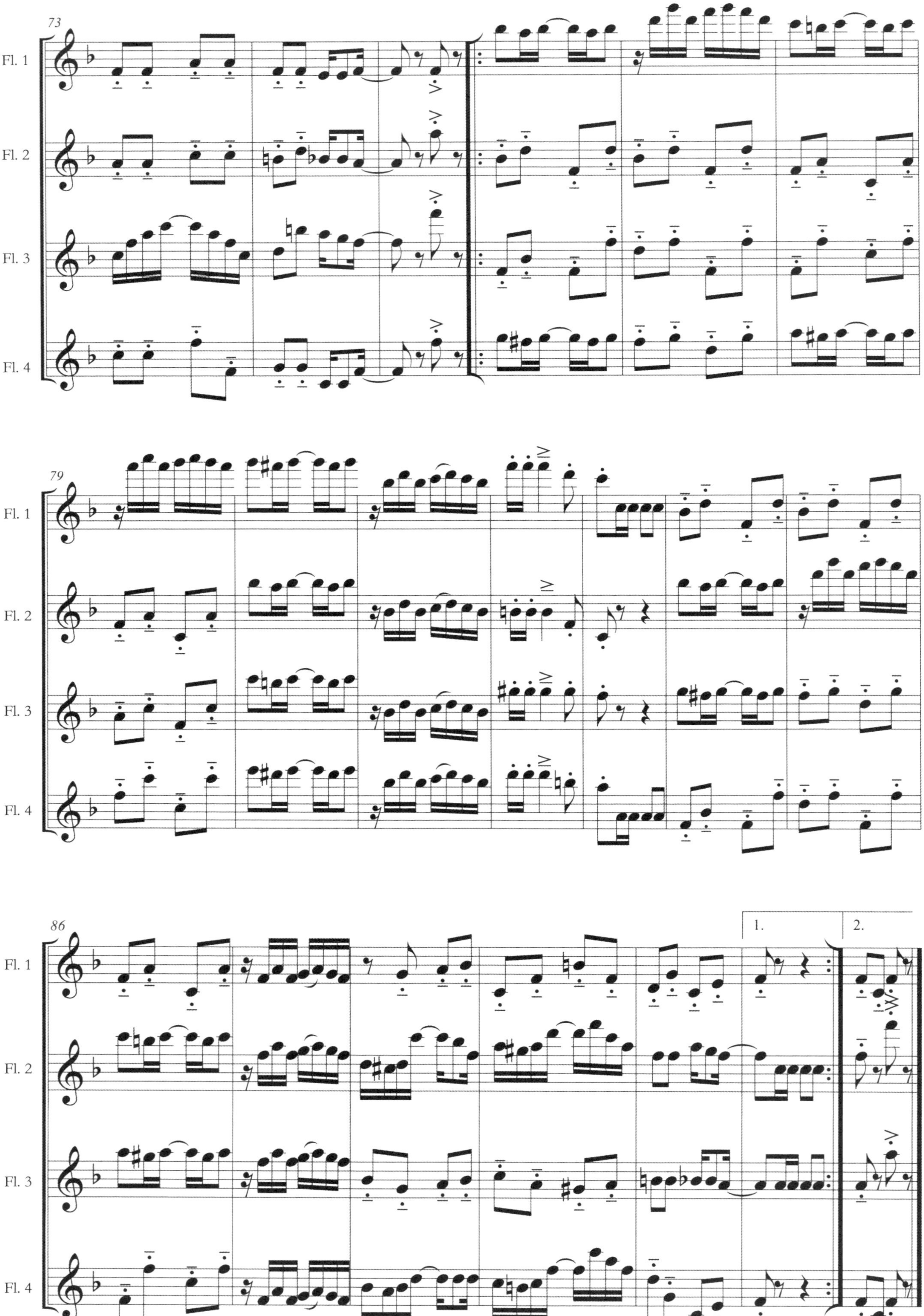
73
Fl. 1
Fl. 2
Fl. 3
Fl. 4
79
Fl. 1
Fl. 2
Fl. 3
Fl. 4
86
1.
2.
Fl. 1
Fl. 2
Fl. 3
Fl. 4

Sexta parte
BIOGRAFIA RESUMIDA DOS AUTORES DAS MELODIAS

Alfredo da Rocha Viana Filho, conhecido como Pixinguinha, (Rio de Janeiro, 1897 - 1973), iniciou sua carreira musical como flautista e mais tarde optou pelo saxofone tenor, fazendo uma dupla notável com o flautista Benedito Lacerda. Considerado como um dos maiores compositores da música popular brasileira, escreveu obras-primas como: Carinhoso, Naquele Tempo, Um a Zero, Lamentos, Ingênuo, Proezas de Solon, Vou Vivendo, entre tantas outras. Pixinguinha morreu na Igreja Nossa Senhora da Paz, em Ipanema, quando seria padrinho em uma cerimônia de batismo.

Charles-Camille Saint-Saëns, (Paris, 1835 - 1921), foi um compositor francês, organista, maestro e pianista. Suas composições mais conhecidas são o 2° Concerto para Piano, o 1° Concerto para Violoncelo, Danse Macabre, a ópera Sansão e Dalila, o 3° Concerto para Violino, a 3ª Sinfonia (órgão) e o Carnaval dos Animais do qual faz parte o Cisne.

Charles Gounod, (Paris, 1818 – Saint Cloud, 1893), foi um compositor francês famoso, sobretudo por suas óperas e música religiosa. Fausto, Mireille e Romeu e Julieta são suas óperas mais conhecidas. Por intermédio de Mendelssohn, Gounod passou a se interessar pelas obras de J.S. Bach, à época pouco conhecidas. Escreveu, então, Ave Maria sobrepondo essa melodia ao Prelúdio n° 1, em Dó Maior, do Cravo Bem Temperado.

Claude-Achille Debussy, (Saint-Germain-en-Laye, França, 1862–Paris, 1918), foi um dos mais importantes compositores impressionistas franceses do final do século XIX. Apaixonado pelo som da flauta dedicou dois solos que se tornaram o ponto alto da literatura desse instrumento, a obra orquestral Prélude à L' Après Midi d'un Faune e Syrinx (flauta solo). Escreveu também obras importantes para piano e violino.

Dorival Tostes Caymmi, conhecido como Dori Caymmi (Rio de Janeiro, 1943), destacou-se como compositor e arranjador, tendo participado ativamente do movimento musical carioca desde os anos 60 quando "Saveiros" foi vencedor do Festival Internacional da Canção. Escreveu inúmeras trilhas sonoras com destaque para: Gabriela, Cravo e Canela, Terra do Sem Fim, Quincas Berro D'Água, Arena conta Zumbi, Calabar, Sítio do Pica Pau Amarelo (TV), Gota D'Água, Dura Lex Sed Lex e O Santo Inquérito. E direção musical de Opinião, Calabar, Arena conta Zumbi (Teatro), Gabriela, Tati, a Garota, A Estrela Sobe, Batalha dos Guararapes e Sagarana, o Duelo (Cinema). Dori continua sendo muito requisitado como arranjador: Matita Perê, Chanson pour Michelle, Bangzália, Porto, Amazon River, A Noite do Meu Bem, Viola Enluarada, Trenzinho do Caipira são alguns dos mais importantes. A maioria de sua obras estão registradas em mais de uma dezena de CDs, divulgados não só no Brasil como no exterior.

Ernesto Júlio de Nazareth, conhecido como Ernesto Nazareth (Rio de Janeiro, 1863 - 1934), foi um exímio pianista e compositor de "mão cheia". Intérprete constante de suas próprias composições, Nazareth apresentava-se como pianista em salas de cinema, bailes, reuniões e cerimônias sociais. Trabalhou na sala de espera do antigo cinema Odeon, no Rio de Janeiro, onde muitas personalidades ilustres iam àquele estabelecimento apenas para ouvi-lo. Foi em homenagem à famosa sala de exibições que Nazareth batizou sua composição mais famosa, o tango Odeon. Deixou 211 peças completas para piano. Suas obras mais conhecidas são: Coração que Sente, Expansiva, Turbilhão de Beijos (valsas), Odeon, Fon-Fon, Escorregando, Brejeiro, Bambino (tangos brasileiros).

Erothides de Campos, (Cabreuva, 1896 – Piracicaba, 1945), professor de física e química, passou a maior parte de sua vida em Piracicaba. Pianista e compositor de marchinhas, sambas e choros tornou-se famoso ao compor a valsa Ave Maria (1924). O sucesso veio logo depois que o cantor Augusto Calheiros a gravou em 1939.

Francisca Edwiges Neves Gonzaga, conhecida como Chiquinha Gonzaga (Rio de Janeiro, 1847 - 1935), destacou-se na história da cultura brasileira e na luta pelas liberdades no país pelo seu pioneirismo. A coragem com que enfrentou a opressora sociedade patriarcal, criando uma profissão inédita para a mulher, causou escândalo em seu tempo. Atuando no rico ambiente musical do Rio de Janeiro do Segundo Reinado, no qual imperavam polcas, tangos e valsas, Chiquinha Gonzaga não hesitou em incorporar ao seu piano toda a diversidade que encontrou, sem preconceitos. Batalhou em prol da defesa dos direitos autorais, sendo uma das fundadoras da Sociedade Brasileira de Autores Teatrais (SBAT). Suas obras mais conhecidas são: Atraente, Ó Abre Alas, Lua Branca e Corta Jaca.

François-Joseph Gossec, (Vergnies, 1734 – Paris, 1829), compositor francês, escreveu várias óperas, sinfonias, música de câmara e obras corais. No entanto, a Gavotte em Ré Maior é a sua obra mais conhecida, tendo merecidas versões para as mais diversas formações.

George Philipp Telemann, (Magdeburgo, 1681 – Hamburgo, 1767), foi um compositor e músico alemão contemporâneo de J.S. Bach e Haendel. É considerado um dos músicos mais prolíficos de sua época, tendo escrito centenas de obras orquestrais, cantatas e música de câmara. Para a flauta dedicou várias sonatas, uma suíte e várias fantasias.

Heitor Villa-Lobos, (Rio de Janeiro, 1887 - 1959), maestro e compositor brasileiro, iniciou muito cedo sua vida profissional, tornando-se conhecido internacionalmente principalmente pelas suas obras orquestrais, muitas delas com temas recolhidos em suas inúmeras viagens pelo interior do Brasil. Em suas obras de música de câmara, a flauta tem papel de destaque como no Assobio a Jato (flauta e violoncelo), Choros n° 2 (flauta e clarineta), Bachianas Brasileiras n°6 (flauta e fagote), Quatuor para sopros, Quinteto de sopros e em muitas obras orquestrais como o Choro n° 6 que inicia com um belíssimo solo de flauta. Melodia Sentimental é parte integrante da Floresta do Amazonas, composta nos anos 1950 para o filme "Green Mansions", de Mel Ferrer.

Jacob Ebert, conhecido como **Jacques Offenbach**, (Colônia, 1819 – Paris, 1880), compositor francês de origem alemã, era um excelente violoncelista. Destacou-se como compositor de operetas, tendo escrito uma dezena de obras. As mais conhecidas são: La Belle Hélène, La Vie Parisienne, La Grande-Duchesse de Gérolstein e La Princesse de Trébizonde. No entanto, foi com Orfeu no Inferno que ele adquiriu notoriedade internacional graças a um dos temas musicais, Can-Can. A Barcarolle, duo para soprano e *mezzo* soprano da ópera Contos de Hoffmann, tornou-se uma das suas músicas mais conhecidas, merecendo inúmeras versões.

Jayme Rojas de Aragón y Ovalle ou **Jayme Ovalle**, (Belém do Pará, 1894 – Rio de Janeiro, 1955), exímio violonista e compositor, tornou-se conhecido pelas suas canções Modinha e Azulão, ambas com letra de Manuel Bandeira de quem era íntimo amigo.

João Dias Carrasqueira, (Paranapiacaba, SP, 1908 – São Paulo, 2000), foi um dos mais queridos professores de flauta de São Paulo. Sua "Flautosofia", como costumava dizer, tinha como objetivo levar o aluno a atingir o seu máximo com a flauta, não importando se fosse a profissionalização ou a incorporação do instrumento a sua vida. Tinha também uma metodologia especial para as crianças e para alunos com dificuldades motoras ou psicológicas. Usando sua habilidade de desenhista e o talento para contar histórias, criou contos didáticos ilustrados que tomavam o lugar dos métodos.

Joaquim Antonio da Silva Callado Jr, (Rio de Janeiro, 1848 -1880), foi um exímio flautista, considerado pelos historiadores como o criador do choro, ao incorporar a flauta aos violões e cavaquinhos, instrumental comum aos conjuntos da época. Foi também um profícuo compositor de polcas, valsas e lundus. Seu "Lundu Característico", obra de grande virtuosidade, obteve tamanho sucesso que, segundo o pesquisador Vasco Mariz, "lhe rendeu a nomeação para a cadeira de flauta do Imperial Conservatório de Música". Sua última obra, Flor amorosa tornou-se um clássico da música popular brasileira.

Johann Sebastian Bach, (Eisenach, 1685 – Leipzig, 1750), foi um dos maiores compositores de sua época. Atuava igualmente como cravista, organista, violinista e maestro. Entre suas peças mais conhecidas e importantes estão os Concertos de Brandenburgo, o Cravo Bem Temperado, as Sonatas e Partitas para violino solo, as Sonatas para flauta, a Missa em Si Menor, a Tocata e Fuga em Ré Menor, a Paixão segundo São Mateus, a Oferenda Musical, a Arte da Fuga, entre tantas outras. A Ária da Corda em Sol como é popularmente conhecida não é o seu nome original. A obra faz parte da Suíte n° 3 para orquestra em Ré Maior BW 1068.

José Gomes de Abreu, mais conhecido como Zequinha Abreu, (Santa Rita do Passa Quatro, SP, 1880 - 1935), iniciou muito cedo seu interesse pela música tocando flauta. Ainda muito jovem tinha sua orquestra de baile, mas foi como compositor que se tornou famoso no mundo inteiro quando escreveu Tico-Tico no Fubá, divulgado nos Estados Unidos por Carmen Miranda. Essa obra foi gravada por uma centena de artistas não só no Brasil como no exterior. Sururu na Cidade, Tardes em Lindoia e Branca são outras de suas obras imortais.

Luiz Woltzenlogel, mais conhecido como Lulu, (Piracicaba, SP, 1902 - 1988), flautista amador, aluno de Erothides de Campos, participou intensamente de rodas de choro e saraus em sua cidade. Tinha muita facilidade para improvisar, dom que não transmitiu ao seu filho caçula, autor deste método. Sterina é o nome de sua esposa a quem a valsa foi dedicada.

Nikolay Andreyevich Rimsky-Korsakov, (Tikhvin, 1844 — Lyubensk, 1908), renomado maestro e compositor russo, escreveu inúmeras óperas. Mas foi com suas composições orquestrais que ele conseguiu maior fama. Ficou imortalizado com as obras Capriccio Espagnol, Scheherazade, Abertura da Grande Páscoa Russa, O Galo de Ouro, O Vôo do Besouro e Canção da Índia.

Pietro Mascagni, (Livorno, 1863 - Roma, 1945), foi um compositor italiano contemporâneo de Ruggero Leoncavallo, autor da ópera Pagliacci. Destacou-se com sua ópera Cavalleria Rusticana, da qual faz parte o Intermezzo, que acabou sendo a parte mais conhecida, merecendo vários arranjos como a versão deste método.

Scott Joplin, (Texas, 1868 – Manhattan, 1917), filho de pais muito pobres, compositor e pianista, chamado de "O Rei do Ragtime" é considerado o inventor do Jazz. Embora sua música fosse popular, nunca recebeu o reconhecimento como um compositor sério. Somente em 1972, quando sua obra foi republicada, foi aclamado pela comunidade popular e acadêmica. Em 1976, foi agraciado com o prêmio póstumo Pulitzer de Música pela sua contribuição à música. "The Entertainer", composta em 1902, é uma de suas obras mais populares, tendo recebido várias versões como a incluída neste método.

Wolfang Amadeus Mozart, (Salzburg, 1756 - Viena, 1791), compositor austríaco, mostrou talento musical muito cedo. Suas primeiras composições musicais foram escritas quando tinha apenas cinco anos de idade. Escreveu inúmeras sinfonias, música de câmara, um famoso Réquien e várias obras para flauta: Concertos em Sol Maior, Ré Maior, Dó Maior (flauta e harpa), Andante em Dó Maior, quartetos para flauta e cordas e sonatas para flauta.